Sebastian Schnoy
Das bisschen Frieden

Sebastian Schnoy

Das bisschen Frieden

Eine heitere Geschichte Europas
in drei Revolutionen und einem Geistesblitz

PIPER

Mehr über unsere Autoren und Bücher:
www.piper.de

ISBN 978-3-492-06078-3
2. Auflage 2019
© Piper Verlag GmbH, München/Berlin 2019
Satz: Kösel Media GmbH, Krugzell
Gesetzt aus der Chaparral Pro
Druck und Bindung: CPI books GmbH, Leck
Printed in the EU

Inhalt

Europa war nie das Problem, sondern immer die Lösung

Geschichte wiederholt sich nicht,
aber manchmal reimt sie sich.
Mark Twain

Dieses Buch ist eine Liebeserklärung an einen unterschätzten Kontinent. Denn Europas Geschichte ist eine große Erfolgsstory. Hier wurde die Freiheit erfunden, die Formel, wie man aus Feinden beste Freunde macht, die Aufklärung, die Gewaltenteilung und das WC-Knie. Kurz, es gab einmal eine Zeit, in der Europa das Glück erfunden hat.

Dabei war jeder Fortschritt, der die Menschen weiterbrachte, eine Befreiung. Und ich meine nicht nur den Zugewinn an persönlichen Freiheiten, sondern auch jeden technischen Fortschritt. Auch er bedeutet meist Befreiung von Mühsal. So, zum Beispiel, als der Engländer John Tizack 1691 unter Patentnummer 271 seinen Geistesblitz der Waschmaschine anmeldete und damit das Waschen am Fluss und das anstrengende Reiben der Wäsche auf einem Waschbrett nach und nach für alle entfiel. Den ersten ernst zu nehmenden Kühlschrank, mit dem man ganzjährig Eis herstellen konnte, erfand 1876 mit Carl von Linde ein Deutscher. Auch hier dauerte es eine Weile, bis Geistesblitz, Fortschritt und Befreiung die Runde machten, aber irgendwann konnten alle Europäer ihre Speisen kühlen. Carl von Lindes Erfindung surrt noch heute, wenn auch mit anderen Kühlflüssigkeiten, in jedem Haushalt. Seit dreihundert Jahren steigt die Lebenserwartung in Europa rapide, da das Leben sauberer, gesünder und vor allem weniger anstrengend und damit komfortabler geworden ist – wären da nicht die anscheinend unausrottbaren Kriege.

Einige Konflikte lodern bis heute, andere wirken wie erloschen, gleichen aber nur einem schlafenden Vulkan, der jederzeit wieder ausbrechen kann. Wieder andere füllen täglich die Zeitungen. Angesichts von nicht enden wollenden militärischen Konflikten in der Welt, frage ich mich: Wieso können die Menschen nicht einfach in Frieden miteinander leben? Das kann doch nicht so schwer sein. Und tatsächlich, auch hier können wir wieder etwas in und von Europa lernen, denn hier hat es geklappt mit dem Frieden zwischen Staaten und Religionen. Okay, man hat nicht gerade den kürzesten Weg zum Frieden gewählt – im Gegenteil, vielleicht sogar den kompliziertesten –, aber heute ist für uns das Entscheidende, was am Ende dabei herausgekommen ist: ein vereinter Kontinent, bei dem es nicht mehr denkbar ist, dass ein Land die anderen überfallen könnte.

Europa verhielt sich auf dem Weg dahin wie die USA in der schönen Äußerung von Winston Churchill, der einmal gesagt haben soll: »Man kann sich immer darauf verlassen, dass die Amerikaner das Richtige tun, nachdem sie alles andere ausprobiert haben.« Genauso haben es die Europäer gemacht. Sie haben jeden Irrtum ausprobiert, jeden Holzweg beschritten, sind hohe Risiken eingegangen und haben sie teuer bezahlt. Unser kleiner Kontinent lag schon mehrmals geschwächt am Boden, geschunden, geplündert und zerschossen – und erst am Ende, als alle Schlachten vergeblich geschlagen waren, fand man zueinander.

Aber im Ergebnis wurden – vielleicht auch gerade wegen all des Leids, das es früher gab – Waffen und Gewalt in Schränke geräumt und aus schlimmen Feinden beste Freunde. Aber wieso? Welche Formel, welcher Trick wurde angewendet? Und wie können wir diese Tricks auf die letzten Krisenherde übertragen, die weiter vor sich hin glimmen, lodern oder immer wieder Feuer fangen? Damit endlich alle Menschen auf der Welt Frieden genießen können? Dafür enthält dieses Buch großartige Glücksmomente der europäischen Geschichte aus Belfast, Berlin, Rom und vielen anderen Orten. Es sind Geschichten, die uns Kraft geben und die zeigen: Es kann auch gut gehen.

Nicht nur viele Regierungen haben irgendwann begriffen, dass Krieg keine Lösung sein kann, oft haben auch einzelne Menschen ganz allein versucht den Weltfrieden zu retten, wie Georg Elser 1939. Er hätte es fast geschafft Hitler zu stoppen, kurz nachdem dieser Polen angegriffen und besetzt hatte, aber noch bevor er ganz Europa in Brand stecken und den millionenfachen Mord an Juden organisieren konnte. Es fehlte nur dreizehn Minuten und Elser hätte das Wunder vollbracht und den Diktator in München pulverisiert. Der Russe Stanislaw Jewgrafowitsch Petrow hat 1983 vielleicht wirklich verhindert, dass in Europa ein Nuklearkrieg ausbrechen konnte. Er überwachte in den Achtzigerjahren den Luftraum über der Sowjetunion. Als mitten in der Nacht seine Monitore einen massiven Angriff westlicher Raketen anzeigten, kam er zu dem Schluss, es könne sich nur um einen Fehlalarm handeln, und machte sich einfach einen Kaffee. So einfach kann Widerstand gehen den Krieg manchmal sein: einfach Kaffee trinken. Vor allem, wenn andere erwarten, dass man stattdessen in den Kampf zieht. Schon einmal hat ein einzelner Russe den atomaren Krieg verhindert und damit Europa ganz allein gerettet, wenn auch von einem Ort an einem ganz anderen Ende der Welt. Wassili Alexandrowitsch Archipow weigerte sich 1962 auf einem russischen U-Boot vor Kuba atomare Raketen zur Verteidigung abzufeuern, obwohl das U-Boot von amerikanischen Kriegsschiffen entdeckt und mit Seeminen attackiert wurde. Er und seine Besatzung waren in Lebensgefahr. Trotzdem verweigerte er als nur einer von drei Offizieren an Bord, die Freigabe für die Atomraketen. Die Kubakrise war schon so sehr gefährlich, mit russischen Atomraketen am kubanischen Himmel wäre sie höchstwahrscheinlich eskaliert, ein Dritter Weltkrieg war nur noch einen Knopfdruck entfernt. Nun waren die Herren Archipow und Petrow Russen, aber wir sollten uns daran gewöhnen, Europa mit Russland zu denken, denn das Herz Russlands schlägt im Westen, seit Jahrhunderten will es zu Europa gehören, und wenn wir es schaffen, die Russen dauerhaft in das europäische Projekt mit einzubeziehen, wäre das für alle ein großer Gewinn.

Einige haben schon als junge Menschen versucht, den Frieden zu retten, wie Hans und Sophie Scholl 1943. Oberst Stauffenberg und seine Mitverschworenen wurden später posthum gefeiert, viele vergessen, doch fast alle bezahlten ihren Mut mit dem Leben. Da wir heute wissen, dass das Leben das Heiligste ist und wir es schützen müssen, auch und besonders unser eigenes, widme ich mich auch der Frage, wie wir uns für das Gute einsetzen können, ohne selbst Schaden zu nehmen. Oft haben sich Menschen mit den Richtigen verbündet und waren im richtigen Moment mutig. Alles eine Frage von Auswahl und Timing, könnte man sagen.

Hinter allen Errungenschaften, die wir heute genießen, vom Frieden bis zur Demokratie, stehen die Geschichten der Menschen, die sie für uns errungen haben. Und wir sind bis heute mit ihnen verbunden. Gerade wer Geschichte verstaubt findet und lieber den Blick in die Zukunft richtet, sich für Digitalisierung und Vernetzung interessiert, wird staunen, dass Geschichte genau das ist. Der große Datenhaufen von allem, was schon passiert ist, und unsere Vernetzung mit allen diesen Ereignissen. Die Evolution, nicht nur von Waschmaschinen und Kühlschränken, sondern auch von Menschen und ihrem Leben, die Wiederholung von Kausalitäten und Chaos, gerade dies macht Geschichte so spannend.

Schon der Umstand, dass sich die meisten nicht für Geschichte interessieren, sondern sagen, dass sie lieber in die Zukunft schauen, verbindet sie mit allen Menschen, die jemals vor ihnen gelebt haben. Ob Senatoren im Alten Rom, Bauern im Mittelalter oder Matrosen in der Revolution von 1918, alle interessierten sich immer nur brennend für die Zukunft. Ob Thomas Müntzer, Maria Stuart, Lenin oder Maggy Thatcher, jede einzelne historische Figur arbeitete an der Zukunft. Die Vorstellung, wie die Zukunft aussehen wird oder aussehen sollte gibt es schon so lange, wie es Menschen gibt, deshalb ist die »Geschichte der Zukunft« für sich ein spannendes Thema. Ganz abgesehen davon, dass es meistens anders kam, als man dachte.

Die Erwartung, alles würde so bleiben, wie es ist, stellte sich in der deutschen Ständegesellschaft um 1500 als ebensolcher Irrtum heraus wie die Vorstellung Erich

Honeckers, es würde in der DDR noch hundert Jahre alles so weiterlaufen. Prognosen, was die Zukunft betrifft, liegen immer daneben. 1913 konnte sich niemand in Europa vorstellen, dass ein Weltkrieg vor der Tür stand. 1917 konnte sich kein Deutscher vorstellen, dass man den Krieg verlieren könnte. 1920 konnte sich niemand vorstellen, dass die wirtschaftliche Party einmal zu Ende geht. Aber schon 1923 konnte man sich nicht vorstellen, dass die Krise jemals wieder aufhört. 1972 prognostizierte der Club of Rome das Ende des Wachstums. Seitdem ist die Weltwirtschaft um mehr als 3000 Prozent gewachsen. 2007 konnte sich in den USA niemand vorstellen, dass es keine gute Idee ist, ein Haus zu kaufen, denn sein Wert würde sich ständig, rasant und bis in alle Ewigkeit steigern. Kurz darauf stürzte das Platzen der Immobilienblase die Welt in die größte Finanzkatastrophe seit einhundert Jahren. Heute kann man sich in Deutschland nicht vorstellen, dass es keine gute Idee sein könnte, ein Haus zu kaufen, denn die Immobilienpreise steigen stetig, kräftig und – bis in alle Ewigkeit?

Die meisten Dinge, die unser Leben heute bestimmen, waren nicht vorhersehbar. Leute, die Prognosen abgeben, schreiben meist einen Trend linear weiter, zum Beispiel den Bevölkerungszuwachs. Doch alle Segnungen des modernen Lebens von der Elektrizität, der Eisenbahn bis hin zu Handys und Internet, medizinische Fortschritte oder auch Frauen, die selbst entscheiden, wie sie leben und welchen Beruf sie ergreifen möchten, konnte man sich, bevor diese auftauchten, nicht vorstellen. Nur in den Köpfen der Erfinder und Erfinderinnen, die die Welt anders dachten, als sie vorhanden war, mit Waschmaschinen, als noch alle zum Fluss gingen, mit Flugzeugen, als alle noch am Boden blieben. Die Welt anders sahen auch Feministinnen, die das Leben mit freien Frauen schon dachten, als diese noch unfrei waren, oder Männer, die sich fragten, was daran falsch sein kann, wenn man einen anderen Mann liebt. Nur in den Köpfen ist, wenn wir unseren Gedanken freien Lauf lassen, die Welt von morgen, wie sie sein sollte, schon heute klar zu sehen. Und diese Vision von einem friedlichen und glücklichen Miteinander ist wie der Bauplan für ein Haus, das jederzeit gebaut werden kann. Es lohnt sich, wenn man sich darüber Gedanken macht, wie die Welt aussehen könnte, damit sie so wird, wie wir sie uns wünschen, denn diese Gedanken sind der Anfang jeder Veränderung. Wie gefährlich sie jenen werden können, deren Macht durch Unrecht gesichert wird, zeigt eine Äußerung, die Stalin zugeschrieben wird: »Gedanken sind mächtiger als Waffen. Wir erlauben es unseren Bürgern nicht, Waffen zu führen – warum sollten wir es ihnen erlauben, selbstständig zu denken?« Aber, wo ich schon Stalin zitiere. Gibt es nicht auch viele Gründe, warum es besser ist, ein Diktator zu sein und alle Macht in den eigenen Händen zu bündeln? Und ist es nicht auch ein Naturgesetz und damit ein Naturrecht, dass man, wenn man auf eine Mine mit Schokoküssen trifft, diese alle für sich allein behalten will, anstatt sie zu teilen oder die Kontrolle über die Schokoküsse gar irgendwelchen demokratischen Gremien anzuvertrauen? Sind Haben-wollen und Alles-haben-wollen nicht zutiefst menschliche Züge? Hatte dieses Naturrecht nicht schon der Frühaufklärer Thomas Hobbes formuliert? Dass das Recht auf die eigene Existenz, auf das Leben eben nicht nur die Erschließung des Lebensnotwendigen rechtfertigt, sondern auch all dessen, was vielleicht mal lebensnotwendig werden könnte? Eine Leibgarde, ein Hubschrauber oder Hunderte von Schuhen, die aufgebrachte Rumänen in den Privatgemächern von Elena Ceaușescu fanden, Frau des kommunistischen Diktators Nicolae Ceaușescu? Spätestens, wenn 500 Paare unbrauchbar sein sollten, bedarf es eben eines 501. Paars Schuhe. Und wenn es die Turnschuhe für die Flucht vor den revoltierenden Menschen sind, die gerade den Palast gestürmt haben. Insofern ist es ganz frei nach Hobbes auch gerechtfertigt, dass die gesamten Steuereinnahmen des Staates als persönliches Einkommen des autokratischen Herrschers betrachtet werden. Geld kann man schließlich immer gebrauchen.

Der soziale Fortschritt macht einem den ganzen Führungsjob madig. Bei freien Wahlen ist es möglich, dass man erst gar nicht gewählt wird oder gar eine Koalition mit einer Partei eingehen muss, die man hasst. Freie Gerichte, die einem mit der Amtsenthebung drohen, sind ebenso gefährlich wie eine freie Presse, die an der Übertragung des Außenministeramts an einen engen Verwandten rumnörgelt. Dabei weiß doch jeder, dass Bruder Klaus die beste Wahl für den Job ist! Im Übrigen lassen sich die Regierungsmitglieder besser motivieren, wenn man einen ihrer Kollegen direkt am Kabinettstisch erschießt, so wie es einmal der irakische Diktator Saddam Hussein gemacht haben soll.

Doch weil selbst Diktatoren ganz genau wissen, dass sie böse sind und am Ende immer das Gute gewinnen wird, spüren sie die Gefahr, in der sie sich permanent befinden. Deshalb können sie einfach nicht entspannen. Diktatoren wissen, dass sich viele ihrer Untertanen nichts sehnlicher wünschen als ihren Tod. Darum benötigen sie Leibwächter, Vorkoster, Privatjets und gepanzerte Limousinen. Saddam Hussein ließ sich einen Luxusbunker mit Whirlpool errichten, doch am Ende lebte er wochenlang in einem Erdloch, bevor er entdeckt und gehängt wurde. Und selbst die Diktatoren, die es schafften, bis zu ihrem Tod im Amt zu bleiben, wie zum Beispiel Stalin, wurden noch posthum von ihrem Thron gestoßen. Stalins Leichnam wurde schon bald nach seinem Tod aus dem großen Lenin-Mausoleum entfernt. Fünfhundert Schaulustige waren bei seiner Beerdigung todgetrampelt worden, gestorben bei der letzten Ehre für den Gestorbenen, seither liegt er in einem bescheideneren Grab an der Kremlmauer. Auch der spanische Diktator Franco wurde von fast einer halben Million Menschen geehrt, als er starb. Sie schritten an seinem

Sarg vorbei, vielleicht wollten einige auch nur sicher-
gehen, dass der Despot wirklich tot war. Endlich wird in
Spanien darüber diskutiert, ob man den Diktator nicht
aus seinem protzigen Mausoleum entfernen sollte, denn
es ist inzwischen zum beliebten Treffpunkt von Rechts-
radikalen geworden. Diktatoren haben die Macht, sämtliche große Plätze und Straßen nach sich benennen zu
lassen. Doch am Ende hat das Böse keine Chance. So
sind alle Stalinalleen, Hitlerplätze und Franco-Schulen
inzwischen umbenannt worden. Sogar der Vorname
Adolf ist in Deutschland verpönt.

Doch mit dem Sturz oder dem Tod eines Diktators
und der Umbenennung von Alleen und Plätzen ist es leider nicht getan, denn hinter ihnen steht ein großer noch
lebender Teil der Bevölkerung, die ihnen bis zum Schluss
die Treue hielten und vom Unrecht lebten. Die Frage ist
also: Können Feinde, die sich Jahre oder Jahrzehnte umgebracht und verraten haben, irgendwann Freunde oder
zumindest Partner werden?

Die Antwort lautet: Ja! Die Europäische Gemeinschaft hat es im Zuge ihrer Einigung geschafft, gleich
zwei Militärdiktaturen, nämlich Spanien und Griechenland, zu Demokratien zu machen. Großbritannien und
Frankreich verband eine viele Jahrhunderte dauernde
Feindschaft. Noch vor wenigen Jahrzehnten verdienten
beide Länder in ihren Kolonien ihr Geld mit Menschen-
handel und Raub. Heute haben sie keine Kolonien mehr,
schafften sogar den Sklavenhandel zusammen mit an-

deren Europäern offiziell ab und haben heute sogar einen Tunnel, der beide Länder miteinander verbindet. Von den Erbfeinden Deutschland und Frankreich ganz zu schweigen. Mein Großvater kannte noch den Spruch: »Jeder Schuss ein Russ, jeder Stoß ein Franzos.«

Dass ich in diesem Buch heiter-sarkastische Parallelen zwischen Diktaturen, Revolutionen und Geistesblitzen ziehen darf, zeigt schon, dass die Menschheit besser ist als ihr Ruf. Ich darf heute Scherze machen, für die mein Großvater noch ermordet worden wäre. Doch es gab sie immer, die Propheten des Fortschritts, selbst im Faschismus in Deutschland, Italien oder Ungarn, auch in Polen und der Tschechoslowakei zu Zeiten der kommunistischen Unterdrückung und auch in den späten Militärdiktaturen in Spanien und Griechenland. Wenn man die Tür kannte, an der man klopfen konnte, zogen sie einen hinein in ihr Versteck der Vernünftigen. Halfen einem und sprachen Mut zu. Doch ich möchte mich mit den Despoten der Weltgeschichte nicht zu lange beschäftigen. Denn dies ist kein normales Geschichtsbuch, hier fehlen die vielen Kriege, von denen immer berichtet wird. Wenn wir in normale Geschichtsbücher schauen, reiht sich eine Katastrophe an die nächste. Kriege, Epidemien, Untergänge. Wer sich nachts vor einen History Channel im Fernsehen setzt, wird den Eindruck gewinnen, dass eigentlich immer geschossen wurde und sich vorher, mangels Gewehren, mit anderen Mitteln der Schädel eingeschlagen wurde. Krieg war anscheinend ein

Dauerzustand und wurde stets mit bedrohlicher Musik untermalt.

Dieses Buch entspricht eher einem privaten Fotoalbum. Denn keiner würde doch Fotos von Grabsteinen, Beerdigungen, Scheidungen und vom Gerichtsvollzieher in sein Familienalbum kleben. Privat überlegen wir genau, mit wem wir Zeit verbringen wollen. Wenn man ein Buch liest, ist es, als ginge man mit den Personen, die darin vorkommen, in ein Restaurant. Man hört von ihren Gedanken und allem, was sie gemacht haben. Ganz ehrlich: Wollen Sie lieber einen Abend mit Hitler und Stalin verbringen oder lieber einen mit Rousseau, Montesquieu, Jeanne d'Arc und Sophie Scholl? Ist es nicht anregender, beim Essen über die Aufklärung, Vernunft und Freiheit zu sprechen, als darüber, wer am meisten Menschen ermordet hat? Diese Geschichte des Guten, Wahren und Schönen geht meist unter im Lärm der Katastrophen. Doch so wichtig es ist, Unrecht anzuprangern, sich zu empören über das Elend in der Welt, so wichtig ist es mindestens auch, nicht den Mut zu verlieren, dass wir die Dinge zum Guten wenden können. Das hat – anders als man beim Zappen zwischen History Channel und Nachrichtenkanälen denken könnte – schon so oft geklappt, dass wir uns diese Geschichten merken müssen. Denn nur sie geben uns Kraft.

Die Bösen haben viele Fans, aber von einem bin ich hundertprozentig überzeugt: Die Welt retten werden die Netten. Allerdings nur, wenn sie endlich auf den

Tisch hauen! Für sie ist dieses Buch geschrieben. Für jene, die bei Partys und Familientreffen lieber die Klappe halten, wenn sich die Vollpfosten mal wieder trauen, ihren Stumpfsinn zu verbreiten. Dieses Buch liefert neue Munition für müde Aufklärer. Drücken wir den Scharfmachern die Wahrheit ins Gesicht wie eine Handvoll Schnee im Januar. Auf dass sie endlich wieder aufwachen und zur Vernunft kommen.

Was der wichtigste Punkt für dieses Buch sein soll: Wir ähneln unseren Vorfahren vor allem mit unserem Bestreben, einen guten Tag zu haben, wenn wir aufgewacht sind, einen Tag ohne Mühsal, ohne Schmerz, dafür mit Genuss und Freude. Gleich ist Mittagspause, nachher ist Feierabend, und ich werde etwas Gutes essen, was ich mag, mit Menschen, die ich gerne um mich habe. Das ist der Regieplan der meisten Menschen, eine gute Zeit zu haben, und wenn die Umstände widrig sind, man zu viel arbeiten muss oder aus anderen Gründen unter Strom steht, werden diese Wohlfühlinseln zwar kürzer, aber dafür umso wichtiger. Die Minuten, die Kellner am Hintereingang eine Zigarette rauchen und lachen, während drinnen Gäste den Hauptgang auf dem Tisch haben. Die wunderbaren Minuten allein unter der Dusche, die für junge Mütter oder Väter oft ein wichtiger Moment des Für-sich-Seins sind, wenn die eigenen Kinder noch klein sind und einem keine freie Minute lassen. Dieses Streben, es sich möglichst angenehm zu machen, wirkte selbst in dunkelsten Zeiten. Zum Beispiel im Krieg. Was sind für einen Soldaten die wichtigsten Momente an einem Tag? Der Kampf? Der Sieg?

Weit gefehlt. Die wichtigsten Momente für einen Soldaten im Krieg sind die Pausen nach endlosen Märschen, die Gespräche mit den anderen, denen man ebenso die Freiheit genommen hat, den Tag so zu verbringen, wie sie es wollen. Es sind die Witze, die so gut sind, dass man auch dann noch lachen muss, wenn man leidet. Ein Lied, das das Herz öffnet. Und natürlich, was es zu essen gibt, und die Freude darüber, dass das Nachtlager weicher ist als am Tag zuvor. Dieses Streben nach Glück – nach ein bisschen persönlichem Frieden – ist der eigentliche rote Faden der Geschichte, seit es Menschen gibt.

Grenzenloses Glück

Grenzen sind Narben der Geschichte.

Bevor die Menschen begannen, die Erde zu besiedeln, gab es auf der Welt keine Grenzen. Die ursprünglichen Bewohner unseres Planeten, die schon lange vor uns da waren, sind auch heute noch unsere Nachbarn, und wir können viel von ihnen lernen, zum Beispiel von den Störchen. Sie reisen in jedem Jahr, ganz ohne Papiere, von Nordeuropa nach Afrika und machen das, was wir eigentlich alle tun sollten: dem schönen Wetter folgen. Wieso verbringen wir nicht auch den Winter in Afrika, den Frühling am Mittelmeer, den Sommer an der Ostsee und den Herbst wieder in Andalusien? Jetzt mal ernsthaft, weil wir eine Wohnung in Hannover haben? Wer hat sich denn so was ausgedacht?

Sicher gibt es auch viele Tiere mit fester Adresse, etwa den Eisfrosch, der nicht so weit hüpfen wie der Storch fliegen kann und nur deshalb in seinem Teich mitsamt dem Wasser im Winter einfriert. Zum Glück friert sein Gehirn mit ein, sodass er in den endlosen Eis gewordenen Wochen nicht denken kann: »Was, zur Hölle, mache ich hier eigentlich?«

Doch seine wunderbare Anpassung an die Natur zeigt, dass wir auch von ihm nichts gelernt haben. Durch den Umstand, dass er mit gefrorenem Gehirn nicht denken kann, ist der Winter für ihn gefühlt ein kurzer Augenblick. Vier Monate Eis und Schnee fühlen sich für ihn so an: »Huch, es wird ja kalt. Oh, schön, es wird wieder warm.« Nur wir Menschen verbringen den monatelangen Winter in vollem Bewusstsein. Wie blöd kann man sein?

In der Natur gibt es keine Grenzen, man kann in ihr nur an seine eigenen stoßen. Der Übergang vom Land zum Meer ist für viele so eine Grenze, doch was würden Seehunde und Pinguine dazu sagen? Sie kennen diese Grenze nicht. Seemöwen machen nicht nur an Land und im Wasser, sondern auch in der Luft eine gute Figur, hocken auf den Felsen, fliegen tagelang aufs Meer hinaus und lassen sich, wenn es unter der Wasseroberfläche etwas zu essen gibt, einfach hineinfallen. Zur Verdauung machen sie ein Schläfchen auf dem Ozean. Ich glaube, Seemöwen könnte man am schlechtesten erklären, was eine Grenze ist. Sie würden es einfach nicht begreifen.

Warum gibt es überhaupt Grenzen? Es gibt sie erst, seit Menschen sich streiten. Auch deshalb sind Grenzen die Narben der Geschichte. Und von ihnen gab und gibt es viel zu viele. Sie markierten immer den Machtbereich eines Herrschers: In seinem Tal bis hinauf zu den Bergen konnte er Steuern erheben und sich den Bauch mit dem von seinen Untertanen abgepressten Gütern vollschlagen. Auf der anderen Seite der Berge im nächsten Tal unterdrückte ein anderer Despot die Menschen, deshalb war der Bergkamm die Grenze. Wir haben uns schon so an Grenzen gewöhnt, dass sie uns natürlich erscheinen, dabei sind sie immer Menschenwerk.

Flüsse scheinen uns stimmige Grenzen zu sein, dabei wurden sie erst in der jüngeren Geschichte zu Grenzen, einst war ihr natürlicher Charakter viel prägender. Flüsse trennten nicht, sie verbanden als Wasserstraßen Menschen über Hunderte von Kilometern. Es gab nicht die Menschen diesseits und jenseits des Flusses, es gab nur die Menschen am Fluss, die dieselben Geschichten erzählten, ob als Schiffer, Fährmann, Fischer und Angler mit ihren Familien, die im Rhythmus von Hoch- und Niedrigwasser lebten und die sowohl die Liebe zum als auch der Respekt vor der Gewalt des Flusses verband. Wie absurd Flüsse als Grenzen sind, zeigt die Geschichte der DDR-Grenze an der Elbe zwischen Schnackenburg und Lauenburg. Vierzig Jahre stritten sich die DDR und die Bundesrepublik darum, ob die Grenze nun in der Flussmitte oder an der Nordseite verlaufen würde, derweil immer wieder Kühe und Schafe – die einzigen DDR-Einwohner, die sich vor dem Zaun auf den Elbwiesen aufhalten durften – kurzerhand durch die Elbe schwammen und in Hitzacker Asyl beantragten. Die Störche haben diese vierzig Jahre Grenz-Irrsinn auf ihren Flügen von Norden nach Süden und umgekehrt nicht mal registriert.

Aber sind Grenzen nicht auch ein Schutz gegen Fremde? Wir haben ja schließlich auch einen Gartenzaun gegen Strolche, die auf unser Grundstück wollen, ist es da nicht nur natürlich, dass auch die Nation ihr Grundstück einfriedet mit Zäunen und Mauern gegen Einbrecher und anderes Gesindel? Gegen Feinde? Zum Beispiel gegen die Barbaren auf der anderen Seite der Berge, die uns überfallen wollen? Natürlich haben Herrscher immer probiert und probieren noch heute, ihren Machtbereich auszudehnen und andere Länder zu überfallen. Deshalb können den dortigen Bewohnern Grenzen auch als Schutz erscheinen gegen Eindringlinge. Doch primär markieren sie einen Machtbereich. Zunächst den eines adligen Herrschers, eines Grafen, Herzogs, Großherzogs, Königs oder anderen Verbrechers, die den Menschen Schutz vor Gewalt boten, wenn diese bereit waren, ihre Herrschaft anzuerkennen. Taten sie es nicht, waren sie es selbst, die diesen aufmüpfigen Untertanen den Kopf abschlugen, damit allen klar war, von welcher Gewalt hier eigentlich die Rede war.

Der Herrscher konnte auf seinem begrenzten Territorium nicht nur die eigenen Untertanen ausnehmen, sondern auch die, die sein Machtgebiet durchqueren wollten, zum Beispiel mit Salz im Gepäck. Die Warenströme waren vor tausend Jahren noch gering, man fraß, was vor der Haustür wuchs, wie die Schafe von Schnackenburg. Salz jedoch musste gekauft werden. Im deutschen Mittelalter war der Handel mit Salz so prägend, dass zahlreiche Straßen als Salzstraßen bezeichnet wurden. In manchen Regionen wurde es abgebaut, an Händler verkauft, die es über weite Strecken transportierten. Ein Teil des Preises wurde aber nicht durch die aufgerufen, die das Salz herstellten oder es transportierten und verkauften, sondern durch die ehemaligen Raubritter, die sich inzwischen eigene Zöllner zugelegt hatten. Deren einzige Leistung bei dieser Wertschöpfungskette bestand darin, sich den Händlern in den Weg zu stellen und zu sagen: »Passt auf, wenn ihr hier rein wollt mit eurem Salz und ihr das Zeug an unsere Leute verkaufen wollt, müsst ihr uns Geld geben.« Da half auch ein »Nee, sorry, ich will euer Land nur durchqueren und das Salz in Dänemark verkaufen« nichts, denn neben dem Einfuhrzoll und dem Ausfuhrzoll, war auch der Transit-Zoll schnell erfunden.

Das Geld bekamen und bekommen bis heute Leute, die nichts tun, außer einen Schlagbaum zu bauen und ihn vor Kutschen oder Lkws abzusenken. Warum können sie das? Weil sie die Gewalt dazu haben. So wie ein junger Schläger, der Samstagnacht auf uns zukommt und sagt: »Gib mir eine Zigarette, dein Handy und deine Jacke, sonst hau ich dir auf die Fresse.« Was unterscheidet heutige Zöllner von diesem Schläger, von den Raub-rittern des frühen Mittelalters und von Piraten im heutigen Somalia? Nichts. Man muss nur das Wort Salz durch Stahl oder Automobile ersetzen, um in der Gegenwart zu landen. Hier drei seit mehr als tausend Jahren bekannte Zollregeln, die bis heute durch nichts zu rechtfertigen sind:

1. Ihr wollt eure Waren bei uns verkaufen? Das kostet extra.
2. Ihr habt hier Waren hergestellt und wollt sie woanders verkaufen? Das kostet extra.
3. Ihr wollt hier mit euren Waren einfach nur durchfahren? Das kostet extra.

Die Vorstellung von Grenzen als Narben der Geschichte ist deshalb so treffend, weil die meisten aufgrund von gewaltsamen Auseinandersetzungen entstanden sind, also als Ergebnis eines Krieges. Aber dieses Bild lässt auch eine Hoffnung zu. Narben könnten auch wieder verheilen und fast unsichtbar werden. Doch im Moment sind die Schlagzeilen voller Forderungen nach neuen Grenzen. Donald Trump hat die US-Wahl nicht zuletzt mit der Forderung nach einer Mauer als Grenze zu Mexiko gewonnen. Sogleich brachte sich der deutsche Baukonzern Hochtief als Partner ins Gespräch. Gerade waren sie mit der Elbphilharmonie fertig geworden. Da kommt einem sofort der alte Spruch in den Sinn: »Beton, es kommt drauf an, was man draus macht.« Nach öffentlicher Empörung zog Hochtief die »Erwägung zur Bewerbung« schnell wieder zurück. Dabei wäre es für die Mexikaner ein Grund zum Durchatmen gewesen. Wenn eine Firma, die ewig braucht, um ein einziges Gebäude zu errichten, den Job für die Errichtung einer viele Tausend Meilen langen Grenze bekommt, dann können sie der Schließung der Grenze gelassen entgegensehen.

Seit es Grenzen gibt und solange Grenzen bestehen, werden Menschen versuchen, diese zu überwinden, versuchen hineinzukommen oder herauszukommen. Leute, die anderen einen illegalen Grenzübertritt ermöglichen, nennt man bei uns Schlepper. Und Schlepper sind böse und kriminell, das haben wir beim Zeitungslesen gelernt, denn sie verdienen Geld mit der Not der Menschen. Ich wusste gar nicht, dass es verboten ist, mit der Not der Menschen Geld zu verdienen. Mein Nachbar ist Apotheker, der macht das jeden Tag.

Und Profis seien die Schlepper, heißt es. Na so was! Es ist ein irrer logistischer Aufwand, Schlauchboote aus China an die lybische Küste zu bekommen. Dann Flüchtlinge in Minibussen nachts durch kontrollierte Grenzgebiete zu schmuggeln, in denen man jederzeit der Polizei oder den Grenztruppen begegnen kann. Da ist es doch recht erfreulich, wenn das Profis machen. Stellen wir uns mal die Schlepper als Familienbetrieb vor, der das schon seit vier Generationen macht, dann sehen wir, dass das Wort Schlepper noch nicht sehr alt ist. Gestern noch Fluchthelfer, heute Schlepper.

Sie würden die Menschen in Schlauchboote zwingen, wird ihnen vorgeworfen. Dabei ist das Gegenteil der Fall, niemand darf in die Schlauchboote steigen, wenn er nicht viel dafür bezahlt hat. Da drängt sich doch die Frage auf, ob es vielleicht nicht der Schlepper ist, der die Menschen ins Schlauchboot zwingt, sondern die EU-Gesetze?

Selbst Familien aus Syrien, denen in Aleppo die eigene Wohnung weggebombt wurde, durften nicht in der Türkei einen Flug nach Deutschland buchen, nein, auch sie mussten sich an der türkischen Küste zu den Schlauchbooten vorkämpfen. Als in unserem fiktiven Familienunternehmen noch der Vater aktiv war, war der Renner der Grenzübertritt von der DDR in den Westen. Dafür gab es noch das Bundesverdienstkreuz. Der Opa war sogar noch in den Pyrenäen aktiv. Gerade Künstler wie Heinrich Mann, völlig unsportlich, musste man erst mal über die Pässe bekommen, ein schweißtreibender Job, der natürlich bezahlt werden muss. Was wäre gewesen, wenn es in Amsterdam 1943 schon so gut organisierte Schlepper gegeben hätte wie heute in Libyen oder der Türkei? Hätte dann Anne Frank mit ihrer Familie in ein Schlauchboot steigen und nachts auf eine britische Kanalinsel übersetzen können?

Was oft untergeht, heute, wo wir wieder so viel über Grenzen reden: Selbst den Überlebenden des Holocaust war es in Europa nicht gestattet, Grenzen zu überschreiten. Viele Juden, die dieses Grauen überlebt hatten, wollten nach Palästina, wo gerade der Staat Israel gegründet wurde. Doch jeder Grenzübertritt war illegal. Trotzdem schafften es 4515 jüdische Flüchtlinge, darunter mindestens 655 Kinder bis nach Marseille und dort an Bord eines Schiffes namens *Exodus*. Nach gelungener Fahrt bis Haifa setzte die dortige britische Verwaltung durch, dass die Menschen gegen ihren Willen auf anderen Schiffen nach Hamburg gebracht wurden. Dort kamen die jüdischen Flüchtlinge am 8. September 1947 an und wurden bei Lübeck in einem Lager hinter Stacheldraht interniert – über zwei Jahre nach Ende des Faschismus in Deutschland.

Die internationale Empörung war so groß, dass das Lager kurz darauf aufgelöst wurde. Viele der Gefangenen machten sich nochmals auf den Weg nach Palästina. Die Grenzbeamten in Österreich zeigten bei dieser traurigen Geschichte mehr Herz. Als sie immer größere Gruppen von Juden dabei beobachteten, wie sie auf ihrem Weg zur Mittelmeerküste nachts illegal die Grenze von Österreich nach Italien überquerten, riefen sie ihren Innenminister an: »Was sollen wir tun, bei all den Leuten, die hier ohne Papiere nachts durch die Wälder gehen?«

Die Antwort des Innenministers: »Schaut's net aus dem Fenster!«

Nachdem es in Europa in den letzten 70 Jahren gelungen ist eine nationale Grenze nach der anderen abzubauen, gibt es heute wieder Forderungen nach neuen Grenzen oder die Befestigung der bestehenden. Es erscheint geradezu absurd, dass das Europa ohne Grenzen nur funktionieren soll, wenn seine Außengrenzen umso hermetischer abgeriegelt werden. Bill Clinton hat einmal gesagt: »Schau dir nicht die Schlagzeilen an, schau dir die Trends an.« Und der langfristige Trend, der uns ermutigen sollte, ist: Es gibt immer weniger Grenzen.

Natürlich kann man nicht jeden Trend linear weiterschreiben, immer wieder finden sich jähe Brüche in der Geschichte. So hat es, wie erwähnt, 1913 niemand in Europa für möglich gehalten, dass die Völker nach über vierzig Jahren Frieden in einem totalen kriegerischen Zusammenbruch enden würden. Aber die Trends, die selbst Kriege überstehen, sind unumkehrbar. Die Abschaffung von immer mehr Grenzen ist so ein Trend. 1790 gab es in Deutschland noch 1800 Zollgrenzen. Wer 1819 von Berlin nach Zürich fuhr, musste noch an zehn Grenzen warten. Der Nationalökonom Friedrich List schimpfte damals über den zehnfachen Zoll, dazu die Mautgebühren, die wahrlich keine neuzeitliche Erfindung sind. List träumte von einem zollfreien, deutschen Binnenmarkt, forderte aber zugleich starke Zollgrenzen um diesen Binnenmarkt herum, da man sich von der modernen Exportindustrie der Briten fürchtete. Mit der Entstehung des Deutschen Bundes wurden viele dieser Grenzen durchlässiger und später überflüssig. Dieser Megatrend fand in der europäischen Einigung seine Fortsetzung und ist so stark, dass selbst vierzig Jahre Mauer und Stacheldraht der innerdeutschen Grenze und die gleichzeitige europäische Teilung in West und Ost bald als Episode der Geschichte erscheinen werden. Schaffen Staaten die Grenze zwischen sich ab, so ist dies stets eine politische und zivilisatorische Glanzleistung. Die Lebensverhältnisse passen sich nach und nach an und werden zur neuen Normalität.

Wir reden hier natürlich nur von der friedlichen Überwindung von Grenzen. Dass das Gegenteil früher eher die Regel als die Ausnahme war, merke ich immer, wenn ich mit meiner französischen Partnerin in Paris auf einer Party bin und sie mich mit den Worten vorstellt: »Bon soir. C'est mon ami Sebastian, il est allemand.« Sofort stellt der DJ die Musik aus, es ist totenstill, und ich werde gefragt: »Aha, wo war dein Opa damals im Krieg?« Ich wurde das so oft gefragt, bis ich schließlich antwortete: »Mein Opa? Der war schon damals für ein Europa ohne Grenzen im Einsatz.«

Aber nur, was freiwillig zueinanderfindet, bleibt auch freiwillig beieinander. »Was man dagegen mit Gewalt gewinnt, kann man nur mit Gewalt behalten«, hat Mahatma Gandhi einmal gesagt. Das zeigt sich vor allem bei den Nationalstaaten. Sie haben sich bei ihrer Gründung und Erweiterung oft Regionen einfach mit Gewalt einverleibt, und diese Regionen haben mitunter bis heute einfach keinen Bock auf diese Zwangsehe. So geht es den Korsen mit Frankreich, den Schottinnen mit Großbritannien und den Katalanen mit Spanien. Dabei zeigt sich die böse Fratze der Macht oft erst, wenn man versucht, ihren Machtbereich zu verlassen. Ein gewalttätiger Ehepartner wird genau dann zur tödlichen Gefahr, wenn man seinen Auszug ankündigt.

So war es 2018 auch in Katalonien. Da ließ der Konflikt die Entstehung der EU in einem besonders zärtlichen Licht erscheinen. Denn während die Bildung der EU ein friedlicher Prozess von Staaten war, die sich auf etwas einigten, war zuvor die Bildung mancher Nationalstaaten kriegerisch erfolgt. Das rächt sich jetzt. Denn natürlich sollten alle Menschen entscheiden dürfen, in welchem Klub sie Mitglied sind. Es ist unlogisch, dass zwar Staaten wie Großbrexitannien aus der EU austreten können, aber Regionen wie Katalonien nicht aus ihren Nationalstaaten. »Ein Austritt Kataloniens aus Spanien ist in der Verfassung nicht vorgesehen«, hieß es aus Madrid.

Es gäbe aber eine Möglichkeit, dies zuzulassen, ohne dass uns neue Schlagbäume und Zollgrenzen zurück ins 18. Jahrhundert befördern: Brüssel sollte Regionen wie Katalonien, die schon in einem EU-Land liegen, anbieten, dass sie bei einem Austritt automatisch als neues EU-Mitglied in der Gemeinschaft verbleiben können, mit offenen Grenzen und den rechtlichen Standards, die schon vorher galten. Welcome Scotland. Welcome Korsika. Auch Hamburg war schon immer ein Zwergstaat und ist bereit für das Europa der Regionen. Ich glaube, dass ein Europa der Regionen die europäische Einigung beschleunigen könnte, denn die nationalen Regierungschefs sind wirklich die Letzten, die daran ein Interesse haben könnten. Wieso sollten sie freiwillig einen Großteil ihrer Macht aufgeben?

Stellen wir uns drei kleine Dörfer vor, die zu einer Samtgemeinde verschmelzen sollen. Die drei Bürgermeister der drei kleinen Dörfer sind die Letzten, die das für eine gute Idee halten. Nur wenn wir ihnen in den Hintern treten, wird das passieren. Und genau das müssen wir bei den nationalen Regierungschefs machen: ihnen in den Hintern treten, sonst geht es nicht weiter.

Es zeigt sich übrigens, dass die Regionen für die Identität der meisten Menschen noch sinnstiftender sind als ihre nationale Zugehörigkeit und dass sich viele Regionen dabei nicht mal an die Grenzen des Nationalstaates halten. Deutschland erscheint uns heute oft als homogenes Gebilde: Hier spricht man Deutsch, es gibt nationale Zeitungen und Fernsehsender und eine Nationalmannschaft. Doch wenn man genauer hinschaut, ist es mit der Einheit schnell vorbei. Zum Beispiel, was Deutsch als nationale Sprache betrifft: Gerade die Sprachen sind Schwestern, die keine Grenzen kennen. Mal wird in mehreren Ländern dieselbe Sprache gesprochen, mal spricht man innerhalb eines Staates unterschiedliche Sprachen. Sprachen sind keine Nationalistinnen. So kann man sich mit vielen Dialekten als Friesin, Schleswiger oder an der Grenze zu Luxemburg direkt mit den Menschen jenseits der willkürlich gesetzten Grenzen unterhalten.

Auch die Musik hält sich selten an Grenzen. Die Leidenschaft für Heavy-Metal-Bands verbindet zum Beispiel alle verzweifelten Menschen über die Grenzen Skandinaviens hinweg mit den Griechen. In Finnland ist die Dichte an Heavy-Metal-Bands derart hoch, dass in einigen Dörfern auf einen Einwohner eine Band kommt.

Die Musik in den Alpen ist über die schweizerischen, österreichischen, deutschen und slowenischen Grenzen hinweg verwandt. Ich kenne sogar eine Dame aus den französischen Alpen, die einmal im Jahr zu einem Konzert nach Österreich reist, um dort Hansi Hinterseer zu lauschen. Sie spricht kein Deutsch, sagte mir aber, dass das sogar besser sei, da sie sich dann ganz auf die Musik konzentrieren könne.

Auch die Musik in der Bretagne ist über die Pyrenäen und eine Staatsgrenze hinweg mit der in Galicien im Norden Spaniens verwandt. Hier, mit dem Blick auf die Atlantikwellen, klingt die Volksmusik ähnlich wie jene auf der anderen Seite des Meeres in Irland. Es scheint, der Blick auf denselben Abschnitt des Atlantiks generiert einen ähnlichen Klang. Wie schon bei den Flüssen erwähnt, ist Wasser eigentlich dazu da, Menschen zu verbinden und nicht zu trennen.

Die Hanse organisierte sich entlang der Ostsee und zeigte, welch Wohlstand möglich ist, wenn man Zollgrenzen abschafft. Schon 1255 führten Hamburg und Lübeck eine gemeinsame Währung ein, eine Vorform des Euro, könnte man sagen. Die Tatsache, dass Sprache, Musik, Kultur und Traditionen oft grenzübergreifend verbinden, führte in Europa schon früh zu dem Gedanken, diese Regionen zu unterstützen und damit neben dem Abbau der realen Grenzen noch mehr für das Zusammenwachsen zu tun. So schuf man in der jüngeren Geschichte Europas eine ganze Reihe von Euroregionen. Eine nennt sich Trinationaler Eurodistrict Basel. Hier haben es Schweizerinnen und Franzosen sogar zu einem gemeinsamen Flughafen gebracht. Der EuroAirport Basel Mulhouse Freiburg ist der einzige Flughafen weltweit, der von zwei Staaten gemeinsam betrieben wird. Er liegt auf französischem Territorium und berührt mit einer Seite exakt die Grenzlinie zur Schweiz. Wenn man dort landet, kann man die Ankunftshalle links nach Frankreich verlassen oder rechts in die Schweiz. Die Grenze wird durch eine rote Fuge im Fliesenboden markiert. Niemals habe ich eine dezentere Grenze gesehen.

Doch kaum ist eine Grenze nicht mehr von Stacheldraht und grimmigen Beamten gesichert, stolpert man über die letzten Unterschiede. So, wenn man ein Brötchen mit fünfzig Eurocent kauft und dann noch denkt: »Ah, da hinten kaufe ich mir noch eine Flasche Wasser.« Schwupps ist man unbemerkt über die Fliesenfuge getreten und wird nach Franken gefragt, oder es muss, in alter Tradition des Währungstauschs, zu einem schlechten Deal umgerechnet werden.

Ich selbst wollte einmal mit dem Taxi von diesem Europa-Flughafen nach Basel hineinfahren, hatte aber nur Euros dabei. Kein Problem, dachte ich, bei diesem super-offenen Flughafen, gehe ich halt links zu den französischen Taxifahrern heraus. Dort wurde mir aber gesagt, französische Taxifahrer dürften nicht in die Schweiz hineinfahren. In der Taxibranche gelten noch Regeln aus der Frühen Neuzeit. Dazu sind die Flughafenparkplätze auf dem französischen Teil des Flughafens viel günstiger als auf der Schweizer Seite. Man habe die Preise den Lebenshaltungskosten angepasst, informiert der Airport, und es ist ja bekannt, dass Schweizer für eine Woche Parken am Flughafen, ohne mit der Wimper zu zucken, so viel ausgeben können wie Franzosen für die Anschaffung eines Autos. Leider ist es nicht möglich, direkt am Flughafen nach den französischen Parkplätzen zu suchen, wenn man aus Basel kommt. Das wäre doch was: günstig parken, und nach dem Aussteigen wird einem sofort ein Glas Wein serviert. Sie sind getrennt, einen Übergang gibt es nicht, man muss erst woanders über eine Straße offiziell nach Frankreich einreisen, um dann von Westen her den günstigen Parkplatz anzusteuern. Doch abgesehen von dieser Parkplatzproblematik in der Schweiz, stimmt mich das Konzept der Euroregionen hoffnungsvoll.

Ein weiteres Beispiel ist die nahe gelegene Bodenseeregion. Natürlich verbindet dort die Menschen ihr Leben mit dem See und seinen plötzlichen Wetterphänomenen, mit dem Tourismus und das Arbeiten in einem gemeinsamen Wirtschaftsraum, auch wenn das Gewässer mit Deutschland, Österreich und der Schweiz gleich in drei Staaten liegt. Der Bodenseerat der Euregio Bodensee pflegt das Verbindende für alle an seinem Ufer.

Besonders ist aber an den Euroregionen, dass Gegenden wie zum Beispiel Tirol, um die im Laufe der Geschichte viel gekämpft und die schließlich geteilt wurden, wieder zu sich finden können, ohne einen neuen Separatismus anzuheizen. Nord- und Osttirol gehören heute zu Österreich, Südtirol zu Italien. Zusammen mit der Provinz Trentino bildet man eine Euroregion, die das gemeinsame Leben und die gemeinsame Kultur pflegen kann, ohne neue Gräben aufzureißen.

So gehört in der Bundesrepublik Deutschland die Anerkennung der Oder-Neiße-Grenze zum Fundament der Aussöhnung mit Polen. Als Helmut Kohl im Anlauf auf die Wiedervereinigung vorschlug, über die endgültige Grenze nach Osten könne ja noch später entschieden werden, sagte ihm der damalige US-Präsident George Bush klipp und klar, er möge als deutscher Kanzler sofort und unmissverständlich die Oder-Neiße-Linie als Ostgrenze der Bundesrepublik anerkennen. Bis dato war die CDU auf die vielen Stimmen von deutschen Heimatvertriebenen angewiesen, doch da die mögliche Wiedervereinigung Deutschlands bei den Alliierten auf große Skepsis traf und Ängste auslöste, war Kohls Zögern, was die Anerkennung der bestehenden Ostgrenze betraf, eine Frechheit für die ehemaligen Siegermächte, deren

Zustimmung er nun bedurfte. Und erst recht für Polen selbst. Die FDP-Ikone Hildegard Hamm-Brücher forderte Kanzler Kohl damals auf, das Rumgeeiere was die Anerkennung der polnischen Westgrenze betraf, sofort zu beenden.

Guben ist eine Stadt, durch die diese Grenze in Form der Neiße fließt. Die Hälfte der Stadt liegt am anderen Ufer und hört auf den Namen Gubin, was auf Deutsch nichts anderes als Guben heißt. Nichts Besonderes, durch die meisten Städte fließt ein Flüsschen, an dessen Ufer man grillen oder joggen kann. Auch die Menschen auf beiden Seiten der Neiße verbindet der Fluss mehr, als er sie trennt. Führt er Hochwasser, ist man auf beiden Seiten in Gefahr.

So geht es auch den Menschen auf den Friesischen Inseln in der Nordsee, völlig egal, ob diese als Westfriesische Inseln zu den Niederlanden gehören, als Ostfriesische zu Deutschland, oder als Nordfriesische nicht nur zu Deutschland, sondern auch zu Dänemark gehören können. Der Alltag mit den nervigen Gezeiten, die ruhelos sechs Stunden lang abfließen, um kurz darauf sechs Stunden lang wieder anzurauschen, verbindet die knorrigen Inselbewohner, und deshalb heißt ihre Euroregion »Die Watten«. Aber noch viel mehr. Die Friesen lebten jahrhundertelang davon, Fremde mit Strandfeuern anzulocken, und diese, kaum dass sie gestrandet waren, auszunehmen. Das machen sie bis heute, es heißt jetzt nur Tourismus.

Doch bei Regionen, die teils über Jahrhunderte in das Tauziehen von Großmächten verwickelt waren, fällt das Zusammenwachsen ungleich schwerer. So auch in Schleswig, das heute eine vorzeigbare Europaregion ist. Das Vertrauen ist so groß, dass die dänische Minderheitspartei SSW (Südschleswigscher Wählerverband) nicht nur von der bundesweit geltenden Fünf-Prozent-Hürde befreit ist, nach der Parteien, die weniger als 5 Prozent der Wählerstimmen bekommen, gar nicht ins Parlament dürfen, nein, von 2012 bis 2017 durften die Dänen sogar in einer Ampelkoalition mit SPD und Grünen Schleswig-Holstein und damit einen Teil eines anderen Staates mitregieren. Die Koalition wurde deshalb auch Dänenampel genannt, obwohl der SSW die kleinste Farbe in dieser Ampel war.

Der Weg zur Euroregion in Schleswig war steinig, ist doch die deutsch-dänische Geschichte lang und voller Gewalt gewesen. Mal vereinnahmten die dänischen Könige große Teile Norddeutschlands, belagerten 1686 unter ihrem König Christian V. sogar Hamburg – wenn auch erfolglos –, dafür war der heutige Hamburger Stadtteil Altona lange dänisch und profitierte von der modernen dänischen Herrschaft, deren Innovationsfreude sich auch fortsetzte, als Altona schon zu Preußen gehörte. So gab es dort schon früh eine Trinkwasseranlage mit Sandfiltern. In Hamburg dagegen wurde das Wasser samt Krankheitserregern ungefiltert der Elbe entnommen und von Wasserträgern wie Hans Hummel in die Gassen der Stadt geschleppt. Darauf ist man anscheinend noch heute stolz, ist doch Hans Hummel (auf den der Gruß »Hummel, Hummel« – »Mors, Mors« zurückgeht) Maskottchen der Stadt geworden und wird in zahlreichen Nachbildungen auf Plätzen geehrt. Dabei konnte nur durch die völlig rückständige Wasserversorgung mit Wasserträgern in Verbindung mit desaströsen hygienischen Bedingungen in den Armenvierteln 1892 die letzte große Cholera-Epidemie Europas ausgerechnet in Hamburg ausbrechen.

Altona war bis 1864 dänisch. Im Anschluss riss sich Preußen einen Teil Dänemarks unter den Nagel. In der deutsch-dänischen Geschichte beanspruchten mal die Dänen große Gebiete, in denen die Bewohner Deutsch sprachen, mal umgekehrt. Zuletzt überfielen die Deutschen im Zweiten Weltkrieg Dänemark. Als die Dänen diesen überstanden hatten und sich schon bald nach dem Krieg zeigte, dass die Deutschen zu neuer wirtschaftlicher Vitalität aufstiegen, erließ man 1959 das Sommerhaus-Gesetz. Deutschen war es demnach untersagt, in Dänemark Ferienhäuser zu erwerben. Es sei denn, sie lebten auch dort, doch wehe, wenn jemand diese Anwesenheit nur vortäuschte. Die Müllabfuhr erfasste wöchentlich das Gewicht der Mülltonnen und meldete das Ergebnis den Behörden. Wer nur im Sommer Müll produzierte, aber nicht im Winter, bekam Ärger. Dieses Gesetz gilt mit Ausnahmen bis heute.

Als 1997 die Region Sønderjylland-Schleswig gegründet wurde, stieß man auf wütenden Protest. Dänen demonstrierten am Grenzübergang für die Grenze. Der Amtsbürgermeister für Nordschleswig, Kresten Philipsen, bekam Post einer neuen Widerstandsbewegung namens »Freies Dänemark«. In einem Brief, der einer Bombenattrappe beigelegt war, drohte man ihm »eine Kugel« an und dass deutsche Kindergärten und Schulen, wenn man sich denn trauen würde, solche auf dänischem Boden zu errichten, bombardiert werden würden. Doch Philipsen reagierte mit dem typisch nordischen Unterstatement und wiegelte ab. Halb so schlimm, der Brief stamme sicher nur von einem besorgten Bürger.

Inzwischen feierte man im Jahr 2017 das zwanzigjährige Jubiläum dieser grenzübergreifenden Europaregion. Eine Freundin von mir wohnt mit Mann und Kind in Schleswig und fährt jeden Morgen zur Arbeit über die Grenze nach Dänemark. Das ist für viele Tausend Pendler ganz normal. Da sie als Physiotherapeutin ihre Patienten auch zu Hause besucht, wechselt sie in Dänemark das Auto. Denn wenn sie bei älteren Patienten mit deutschem Kennzeichen vorfuhr, öffneten diese manchmal nicht die Tür. Wegen der schlechten Erfahrungen mit den Deutschen während der Besatzungszeit im Zweiten Weltkrieg. Fährt sie mit einem dänischen Kennzeichen vor, wird immer geöffnet. Zwar spricht sie fließend Dänisch, aber auf Dauer kann sie ihre deutsche Herkunft nicht verbergen. Doch bis dahin hat man sich kennengelernt, und es reicht für ein: »Du bist nett, aber damals haben die Deutschen ...«

Wir und die, diese Grenze war in vielen dänischen und auch deutschen Köpfen lange zementiert. Doch inzwischen sind andere die anderen. Dies zeigte sich bei einer erstaunlichen Bemerkung, die sie über die dänischen Kindergärten in Schleswig-Holstein machte. Denn trotz einstiger Bombendrohungen gibt es inzwischen tatsächlich deutschsprachige Kindergärten auf dänischer Seite und umgekehrt.

»Warum schicken Deutsche ihre Kinder in dänische Kindergärten?«, fragte ich sie.

»Weil dort weniger Ausländer sind als in deutschen Kindergärten«, lautete ihre Antwort.

Ich erkannte nicht gleich die Logik in dieser Aussage. Im dänischen Kindergarten sind keine Ausländer? Waren dort nicht besonders viele, nämlich vor allem Dänen? Dänische Kinder, deren Eltern auf der deutschen Seite wohnten, und natürlich das dänische Personal, das die Ausbildung im »dänischen System« garantierte. Also viele Ausländer, die aber nicht gemeint waren, sondern die »richtigen Ausländer«. Kinder aus türkischstämmigen Familien, aus muslimischen Familien und die, die mit ihren Eltern aus dem syrischen Bürgerkrieg fliehen mussten. Ihretwegen ist auch die Grenze zwischen Deutschland und Dänemark wieder dicht, obwohl Dänemark eigentlich zum grenzenlosen Schengenraum gehört. Inzwischen haben dänische Grenzer ein Zelt an der Autobahn aufgebaut, denn feste Gebäude waren in der sicheren Erwartung, dass es nie wieder einer bewachten Grenze bedürfte, abgerissen worden. Die Schleswiger Physiotherapeutin steht seitdem jeden Morgen im Stau an der Grenzkontrolle, wo man auf der Suche nach Flüchtlingen ist, die zum Teil vor dem Terror des Bürgerkriegs geflohen sind. Entdeckt man sie, werden sie zurückgewiesen. Und meine Freundin muss warten, bis sie zu ihren Patienten fahren kann, die sich noch an den Krieg erinnern können, in dem Deutsche Dänen terrorisierten.

Als notorischer Optimist möchte ich es als Fortschritt bewerten, dass sich heute Dänen und Deutsche nicht mehr als Ausländer betrachten, auch wenn es jenen wenig nützt, die nun dieses Stigma tragen, den »echten Ausländern«. Denn es ist historisch gesehen ein Fortschritt, wenn sich Deutsche und Dänen im deutsch-dänischen Kindergarten vor Fremden in Sicherheit bringen und dabei vergessen, wie fremd sie sich früher selbst waren. Die neuen Fremden, wie – sagen wir – Radi aus Aleppo, haben hoffentlich noch die Gelegenheit, unter Beweis zu stellen, dass es gut ist, sie als Nachbarn, Kollegen und eines Tages auch Physiotherapeuten zu haben. Schließlich werden auch sie den Satz hören: »Na, Sie sind ja ganz nett, Herr Radi. Aber hier haben sich einige Syrer wirklich danebenbenommen.« Dann ist es nicht mehr lange hin, bis dänische und deutsche Familien ihre Kinder mit denen von Radi in den deutsch-dä-

nisch-syrischen Kindergarten bringen, weil dort keine
Ausländer sind. Für die Rolle des »echten« oder »richtigen Ausländers« werden sich immer Leute finden, die
die Reise ganz von vorn beginnen müssen.

Indes werden auch zwischen Deutschen und Dänen
viele Unterschiede weiter für Unverständnis sorgen. So
berichtete mir meine Freundin aus Schleswig, wie empört Dänen sind, wenn man erzählt, das man in Deutschland nackt in die öffentliche Sauna geht, sogar Männer und Frauen zusammen, wildfremde Leute schreiten
nackt aneinander vorbei, sitzen nebeneinander, nein,
das ist doch widerlich, wurde ihr beschieden. Gleichzeitig tolerierte Dänemark bis zum Jahr 2015 einen Sex-
tourismus, der hierzulande die Vorstellung von »widerlich« strapazierte. Wir reden hier von Tierbordellen, in
denen Menschen Pferde und Hunde sexuell missbrauch-
ten. Lange fand man in Dänemark, es sei doch nichts dabei, und ekelte sich gleichzeitig vor Deutschen, die aus
Versehen nackt in der Sauna auftauchten.

Am besten man guckt sich bei den Nachbarn nur das
Beste ab, und dazu gehört sicher, dass man sich in Dänemark einfach online scheiden lassen kann. Während in
Deutschland ein Trennungsjahr vorgeschrieben ist und
in jedem Fall ein Gericht die Scheidung vollziehen muss,
nicht weil sich so viele Paare in dem Trennungsjahr wieder versöhnen würden – das passiert anscheinend selten –, sondern damit Anwälte und Gerichte Gebühren
einstreichen können wie die ersten Zollbanditen der

Geschichte, reicht in Dänemark ein deftiger Streit zwischen Eheleuten, und schon setzt man sich vor den PC, haut die Personen-Nummern, mit denen jeder dänische Bürger ausgestattet ist, um solche Vorgänge online durchführen zu können, in die Tastatur – und nach einigen Klicks ist man geschieden.

Doch noch ein letztes Mal zurück zur Grenze. Da sich im Moment so viele Gedanken um neue und geschlossene Grenzen gemacht werden, lohnt sich das Gedankenexperiment, was eigentlich passieren würde, wenn alle Grenzen offen wären. Dort, wo Grenzen schon mal offener waren als heute, zwischen Mexiko und den USA zum Beispiel, sind die Menschen zwar eingewandert, aber zu einem großen Teil auch wieder ausgewandert, weil man ja wieder einwandern konnte. Dieses Hin und Her transportierte auch viel Wohlstand in die Heimatländer der Emigrierten. Je offener die Grenzen, desto mehr Familien und Frauen trauen sich zu kommen, je unüberwindbarer eine Grenze erscheint, desto mehr trauen sich nur junge Männer, dieses Risiko zu wagen. Aber ist es nicht wahrscheinlich, dass Arme in reiche Länder kommen, wenn sie können? Nun, die Griechen könnten es. Dank der Freizügigkeit innerhalb der EU wäre ein Umzug nach Deutschland oder in die Niederlande kein Problem. Seit der Krise, die das Land seit Jahren durchlebt, sind aber gerade mal 150 000 der insgesamt elf Millionen Griechen in andere EU-Länder gegangen, gerade einmal 1,4 Prozent.

Um Grenzen überflüssig zu machen, braucht man etwas Fantasie. Denn sie sind da. Ein Staat bewacht sie. Hüben und drüben gelten andere Gesetze. Es ist das schon erwähnte »Die Welt anders denken«, das dem friedlichen Abbau von Schlagbäumen vorausgehen muss. Bevor die Grenzzäune dran waren, haben sich die Menschen in Europa daran gemacht, persönliche Grenzen einzureißen, die sie umgaben. Im Mittelalter lebte der allergrößte Teil der Bevölkerung rechtlos, war aber mit unzähligen Pflichten und Verboten bedeckt: Frondienste, unmenschliche Steuern, Vorschriften, wen man heiratet, was man isst, was und wann man arbeitet, welche Lieder man singt, vor wem oder was man Angst hat und auf was man sich freuen soll.

Trotzdem wurde ausgerechnet in dieser Zeit der Grundstein für unser heutiges Glück gelegt, von Menschen, die wirklich anderes zu tun hatten, als sich dafür ins Zeug zu legen, uns heute eine gute Zeit zu ermöglichen. Und deshalb soll genau von ihnen jetzt die Rede sein.

Als die Bauern im Jahre 1525 die Freiheit entdeckten

Man braucht sieben Lügen,
um eine zu bestätigen.
Martin Luther

Wer sich eine moderne, aufgeklärte Welt wünscht, in der die Menschen frei sind und friedlich und solidarisch miteinander leben, sollte sich fragen, wieso dieses schöne Leben an bestimmten Orten möglich ist und warum gerade dort? Es hat Gründe, die wir feiern sollten, da es die Wurzeln des Guten sind. Christen feiern Jesu Geburtstag und weitere Ereignisse in seinem Leben, und alle anderen machen mit, einfach, weil freie Tage immer schön sind. Aber was feiern eigentlich jene, die an die Aufklärung glauben, an den Humanismus und die Menschenrechte? Was feiern die, die überzeugt sind, dass alle frei wählen sollten, wo sie leben wollen, wen sie lieben wollen und welchen Beruf sie erlernen wollen?

Ich suche in diesem Buch die Kraftquellen, die unser Leben bis heute besser machen. Nur, wenn wir uns bewusst sind, welchen guten Ereignissen wir unser freies Leben verdanken, können wir sie als Quelle unserer Zivilisation feiern und bewusst von ihnen trinken.

Eine solche Quelle ist das, was die deutschen Bauern im Jahr 1525 entdeckten: Grundrechte. Eine Sensation! Angespornt hatte sie Luther. Jahrhundertelang waren es die Menschen gewöhnt, dass ein katholischer Priester ihnen etwas auf Latein vormurmelte, was niemand verstand, und dann irgendeine Übersetzung hinzufügte, zum Beispiel: »So, und nun geht im Schneetreiben aufs Feld an die Arbeit und seid dankbar dafür, dass ihr euch den Arsch abfriert, denn das ist Gottes Wille!«

Außer den Priestern konnte niemand Latein und in der Bibel nachlesen, ob das wirklich Gottes Wille war. Aber schon die Autorität der Priester war so groß, dass niemand in Zweifel zog, dass in der Bibel stand, dass sie aufs Feld hinausgehen und sich den Arsch abfrieren sollten. Also gingen sie aufs Feld hinaus und froren sich den Arsch ab, ohne zu murren. Und dann kam dieser Luther und übersetzte die Bibel aus einer griechischen Urfassung direkt ins Deutsche, und das angeblich noch in elf Wochen, was für ein Kerl! Zum Vergleich: Die evangelische Kirche benötigte für die zweite Revision der Lutherbibel sechzig Jahre (1924 bis 1984), trotz Teamarbeit. Was vielen neu sein dürfte: Luther war bei Weitem nicht der Erste, der eine Bibel in deutscher Sprache veröffentlichte. Es gab eine ganze Reihe von deutschen Bibeln, die aber stets aus Lateinischen Vorlagen übersetzt worden waren, und das oft Wort für Wort, also oft so unverständlich, als hätte man schon damals einfach den automatischen Google-Übersetzer benutzt. Kaum erschien die deutsche Lutherbibel mit ihrer kraftvollen Sprache, gingen die anderen deutschen Fassungen unter. Die Bauern ließen sich sofort die Lutherbibel vorlesen, und es stand eben nicht darin, dass man dafür dankbar zu sein hatte, dass man sich im Schneetreiben den Arsch abfror.

Martin Luther war in seinem sprachlichen Auftreten so modern und so nah dran an den Menschen, dass er sich auch heute problemlos zurechtfinden würde. 500 Jahre vor der Erfindung von Facebook postete er seine Thesen an die Tür der Schlosskirche zu Wittenberg. Lange vor der Erfindung von Twitter und SMS hatte er schon verinnerlicht: Jede Nachricht hat maximal 280 Zeichen. »Eine Lüge ist wie ein Schneeball, je länger man ihn wälzt, desto größer wird er.« Für diese Botschaft benötigte er sogar nur 80 Zeichen. Ein perfekter Tweet. Die Leute saugten alles von ihm auf, denn er vermochte es, Kompliziertes auf einen einfachen Punkt zu bringen.

Nehmen wir noch einmal das eben erwähnte Zitat und das andere Lügen-Zitat, das dem Kapitel als Motto vorangestellt ist, und schmeißen es in die Diskussion um Fake News, Lügenpresse, Filterblasen und Echoräume.

Prägnanter kann man es nicht darstellen, dass Lügen immer mit Lügen begründet werden, und es reicht, einfach eine Lüge zu wiederholen, um sie wachsen zu lassen wie einen Schneeball. Irgendwann ist die Lüge groß und stark, weil sie von so vielen so oft wiederholt wurde und zudem Beweise für ihre angebliche Wahrheit angeführt wurden, die in Wahrheit nichts anderes sind als sieben weitere Lügen.

Luthers Einfluss auf unser Leben ist bis heute enorm, selbst auf das von Atheisten. Ungelogen! Das Leben soll laut Luther Buße sein – auch im sozialdemokratischen Ortsverein. Durch seine radikale Entfernung von jedweder Dekoration in der Kirche hat er unbewusst auch das Bauhaus vorweggenommen. Sein Output an neuen Ideen war so groß, dass man den Begriff Frühe Neuzeit erfand. Aber dass die Zeit so radikal anders wurde, dass sie den Stempel »neu« verdiente, lag vor allem an den Bauern, die Luther so emsig lauschten. Eine Message faszinierte sie besonders: Niemand dürfe zwischen den Menschen und Gott stehen, kein Papst, Priester, Übersetzer oder Makler. Erstmals trauten sich deshalb Bauern die Herrschaftsverhältnisse zu hinterfragen, und dabei kamen sie auf das wichtigste Grundrecht: Freiheit. Man darf dieses Grundrecht nicht aus der heutigen Perspektive lesen, so nach dem Motto: »Ja, gut, Freiheit, die Freiheit der Person, kennt man ja, steht doch im Grundgesetz.« Klar, auch das ist nämlich eine Sensation, denn im Grunde steht der Satz nur in unserem

Grundgesetz, weil vor gut 500 Jahren die Bauern nicht nur lauschten, sondern auch etwas forderten, was genau das Gegenteil von dem war *(Der Mensch muss frei sein)*, was ihnen von der Kirche, den Landherren und dem Adel beigebracht worden war.

Ein Teil der Bauern lebte als Leibeigene, und das hieß nichts anderes als ein Leben als Sklave. Die Entdeckung der Freiheit ist eine Sensation, auf die man erst mal kommen musste. Hieß es doch bis dahin immer, man müsse sich Gottes Vertretern auf Erden unterwerfen. Aber die Freiheit ist eine süße Verlockung. Hat man sie nur ein paar Tage genossen, in denen man mit der Heugabel beschwingt und aufgeregt durch die Gegend gelaufen ist, den Grafen verjagt, seine Vorratskammer geplündert und in seinen Kleiderschrank gepinkelt hat, dann gibt man sie auch nicht mehr so schnell auf. Im Jahre 1525 definierten die Bauern mit »Der Mensch muss frei sein« *das* Grundrecht überhaupt. Es war das erste Mal, dass in Europa Menschenrechte formuliert wurden. Von Gelehrten? Von gescheiten Leuten? Nein, die Bauern haben das geschafft.

Wir sollten die Werte, die uns wichtig sind, mit Pathos und Freude feiern. Die Freiheit ist da definitiv ganz vorne mit dabei. Als Feiertag bietet sich der 20. März an, denn an diesem sonnigen Tag formulierten die Bauern aus eigener Kraft zwölf Grundrechte, die erst als Memminger Artikel und Forderung an die Stadt Memmingen, später als Zwölf Artikel und Forderung an den schwäbischen Bund bekannt wurden und so starke Wirkung entfalteten, dass das Treffen der Bauern, auf dem diese ihre Forderungen zusammenstellten, bis heute als »verfassunggebende Versammlung« angesehen wird. Egal, ob Französische Revolution, Unabhängigkeitserklärung der Vereinigten Staaten oder unser Grundgesetz, alle Verfassungsgründungen sind voller geklauter Ideen, die vor 500 Jahren ein paar Bauern ausheckten, denen man eigentlich nur Stumpfsinn zutraute.

In den USA wurde die Sklaverei erst 340 Jahre später offiziell abgeschafft, nämlich 1865, und es dauerte noch mal einhundert Jahre, bis in die Sechzigerjahre des 20. Jahrhunderts hinein, als den ehemaligen Sklaven in den USA die gleichen Grundrechte eingeräumt wurden wie anderen Bürgern. Es gibt gute Gründe für die Meinung, dass der Angleichungsprozess bis heute nicht beendet ist.

Die Unfreiheit ist eine Schlingpflanze, die gerne von alleine wächst, wenn man sie nicht entschieden zurückschneidet. Bis heute geraten Menschen in Abhängigkeit und werden versklavt. Leben wir leibeigen, oder sind wir frei? Wer bestimmt über unseren Leib? Gehört er uns oder anderen? Wer jeden Tag zehn Stunden Pakete ausliefert, vielleicht auch dieses Buch, und mit dem Verdienst mehr schlecht als recht über die Runden kommt, ist wie alle, die viel arbeiten und kaum Zeit zum Leben haben, vielleicht ein Lohnsklave.

Als Bundesordnung erschienen die Forderungen der

Bauern in gedruckter Form und standen schon im Erscheinungsjahr auf Platz 2 der Spiegel-Bestsellerliste, gleich hinter der Lutherbibel. Kurz darauf kam es zu den sogenannten Bauernkriegen, die erst im Nachhinein spöttisch so genannt wurden, weil man bei diesem Begriff an tumbe Bauern mit Knüppeln in der Hand denkt, die nichts als Stroh im Kopf hatten. Dabei hatten sie alles im Kopf, was für ein föderalistisches und freies Gemeinwesen bis heute Standard ist. Die Bezeichnung Bauernkriege war der Versuch, das zu verschleiern, was dieser Aufstand in Wirklichkeit war: Die erste deutsche Revolution.

Aber längst nicht alle guten Ideen der Bauern konnten sich in den modernen Gesellschaften entfalten. Denn noch wichtiger als Freiheit ist, dass man etwas zu essen hat, und deshalb findet sich in den Zwölf Artikeln unter anderem auch die Forderung: »Kostenlose Angelscheine und Feuerholz für alle!« Wer heute angeln möchte, braucht einen Angelschein. Darf man Feuerholz im Wald sammeln? Auch nicht. Das gibt es doch beim Baumarkt oder an der Tankstelle. Die wichtige Frage, wem der Wald, die Seen, Flüsse und das Meer gehören, ist bis heute brennend aktuell. Wem gehört das Grundwasser, wenn Nestlé es abpumpt und in Flaschen füllt, um die dann teuer zu verkaufen?

Gleich mehrere Forderungen der Bauern betreffen Gemeineigentum, Wiesen, Wälder und Seen, die plötzlich zum Eigentum des Adels geworden waren. Sie sollten wieder allen gehören. Bis heute hält die Debatte darüber an, was privatisiert werden sollte und was nicht. In meiner Heimatstadt Hamburg wurden die Elektrizitätswerke erst an eine schwedische Firma verkloppt und später wieder von der Stadt zurückgekauft. Bei der Frage, ob die Versorgung mit Trinkwasser in die Hände von Unternehmen gehört, ist die überwältigende Mehrheit der Menschen dagegen. Ich möchte hier jedoch nicht falsch verstanden werden als jemand, der die Verstaatlichung als Allheilmittel anpreist und den Privatsektor verteufelt. Wäre der Telefonsektor nicht privatisiert worden, gäbe es heute noch Wählscheiben und nicht ein einziges Handy.

Gleich die erste Forderung der Bauern war: Der Pfarrer muss von der Gemeinde gewählt werden. Wahlfreiheit zu fordern war ebenso visionär, denn das hatte es doch noch nie gegeben, dass man etwas wählen durfte. Dennoch ist der 20. März als Tag, an dem deutsche Bauern die Freiheit entdeckten, kein Feiertag. Er wird es wohl auch im Jahr 2025 nicht sein, wenn sich die Zwölf Artikel zum 500. Mal jähren. Stattdessen wird mit viel Enthusiasmus des Mannes gedacht, der die Unterwerfung der ersten deutschen Revolution mit zu verantworten hat: Martin Luther.

Im Jahr 2017 war Deutschland geradezu lutherbetrunken. Der 31. Oktober, an dem Luther 500 Jahre zuvor seine Thesen an die Tür der Schlosskirche zu Wittenberg genagelt haben soll, wurde – zunächst einmalig – bundesweiter Feiertag. 2017 war auf allen Kanälen das Lutherjahr, die evangelische Kirche hatte 2008 sogar schon eine Luther-Dekade ausgerufen, die in das große Jubiläum mündete. Ganz Deutschland war mit dem Konterfei des Reformators plakatiert, und je lauter die Festlichkeiten wurden, desto mehr fragte ich mich, wieso mit Luther jemand geehrt wurde, der zu Lebzeiten gefordert hatte, Juden und Türken zu töten, dazu Frauen mit Heilwissen, Prostituierte und als Hexe beschuldigte Frauen. Sie sollten seiner Meinung nach allesamt mit Foltermethoden ermordet werden. Ebenso behinderte Kinder, Wiedertäufer, Thomas Müntzer sowieso, und natürlich die aufständischen Bauern, bei denen er den Herrschenden empfahl, sie wie wilde Hunde zu erschlagen.

Von Letzteren starben gleich 70 000 bis 100 000. Dann brach der Dreißigjährige Krieg aus, in dem sich reformierte und katholische Reiche so lange bekämpften, bis viele Millionen Menschen ausgelöscht waren – in Teilen Süddeutschlands gar bis zu einem Drittel der Bevölkerung. Luther war halt ein Kind seiner Zeit, hörte ich immer wieder, wenn ich auf die Abgründe des sprachgewaltigen Theologen hinwies. Ein Kind seiner Zeit, was soll das überhaupt heißen? Mit dem Argument könnte man noch ganz andere Kinder ihrer Zeit entlasten.

Seine Haltung zu den Türken war: »Wo nun die Türken (...) dem Koran mit Ernst glauben, so sind sie nicht wert, dass sie Menschen heißen.« In einer Heerpredigt

59

forderte er, wer mit Türken zu tun habe, könne »getrost dreinschlagen, morden, rauben und Schaden tun, so viel sie immer mögen«. Nun standen die Türken als Kämpfer vor Wien und waren eine Bedrohung. Andere, völlig wehrlose Gruppen wurden jedoch nicht minder mit Hass bedacht. In einer Vermahn- und Warnschrift an die Studenten zu Wittenberg schrieb er über eine Prostituierte: »Wenn ich Richter wäre, so wollte ich eine solche französische, giftige Hure rädern und ädern lassen.« Seine Verfolgung von Frauen machte nicht beim ältesten Gewerbe der Welt halt. Luther forderte zum Beispiel in einer Hexenpredigt: »Die Zauberinnen sollst du nicht leben lassen. Es ist ein gerechtes Gesetz, dass sie getötet werden. Wenn sie sich nicht bekehren, werden wir sie den Folterknechten befehlen.« Behinderte Kinder waren für ihn »Wechselkinder, lediglich ein von Satan in die Wiege gelegtes Stück seelenloses Fleisch. Man soll die Wechselbälge und Krielekröppe ersäufen.« Aber vor allem die Juden traf sein Hass. Zunächst schienen sie für Luther einen Vorteil zu haben: Sie waren keine Katholiken. Als sich aber herausstellte, dass Juden kein Interesse zeigten, Protestanten zu werden, brach sich sein Hass umso mehr Bahn. In einer Tischrede forderte er 1543: »Dass man ihre Synagogen oder Schulen mit Feuer anstecke, (...) dass man auch ihre Häuser und desgleichen zerstöre.«

Wann immer ich diese Schattenseiten von Luther nannte, wurde mir gesagt, man müsse solche Zitate in den Kontext ihrer Zeit stellen. Ich glaube aber, es ist kein Kontext denkbar, in dem der Satz »Steckt ihre Synagogen und Schulen mit Feuer an« plötzlich nachvollziehbar wird. Hitler nannte Luther später: »Das größte, deutsche Genie.« Geschichte kann bis zum Erbrechen in die falsche Richtung gedeutet werden. So hörte ich im Lutherjahr von einem Theologen im Radio den Satz, dass der Dreißigjährige Krieg letztlich die deutsche Einigung befördert und insofern seinen Sinn gehabt habe. Mit der Logik könnte man auch sagen, dass Hitler die europäische Einigung ermöglicht hat, denn nach den Millionen von Opfern war letztlich allen klar: Nie wieder gegeneinander, jetzt müssen wir Freunde werden. Für immer.

Das Einzige, was zum Guten führt, ist, sich aus der Geschichte das Gute zu merken. Was Luther betrifft, ist das vor allem, dass wir zwischen uns und der Schöpfung keinen Übersetzer brauchen, keinen Priester und kein Google. Jeder Mensch kann sich in der Natur selbst inspirieren lassen, ob es einen guten Geist gibt oder nicht, und falls ja, wie er oder sie aussehen könnte. Die Liste der Dinge, die wir uns keinesfalls von Luther abgucken sollten und die wir noch überwinden müssen, weil sie noch immer unser Handeln bestimmen, ganz gleich, ob wir Protestanten sind, Heiden, Atheisten, in der SPD oder sogar bei Attac, ist viel länger. Da ist – neben seinem Hass auf Andersgläubige, Fremde, Behinderte, Frauen mit bestimmten Fähigkeiten und alle, die anders dachten als er – Luthers rigoroses Entfernen von allem Zierrat, allem Prunk, aller Pracht aus der Kirche. Die Opulenz des Katholizismus kam über die italienische, römische Kirche in den primitiven germanischen Kulturraum. Luther machte den großen Kehraus, die hübsche Jungfrau Maria, Beichtstühle, beeindruckende Kathedralen und Altäre, alles, was die Wichtigkeit und die Größe des Glaubens greifbar und fühlbar machte, ist bei den Protestanten weg. Das Glaubenserlebnis wird zur persönlichen Anstrengung in einem weitgehend nüchternen Raum einer evangelischen Kirche. In ähnlich öder Umgebung wird heute beim Yoga meditiert und niemand ahnt, wie lutherisch das ist.

Alles, woran vernünftige Menschen heute glauben, auch wenn es der Feminismus, die Charta der Menschenrechte oder die Demokratie sind, stets ist das Bekenntnis völlig unfeierlich, frei von schönen Symbolen und ohne den kleinsten Funken Pathos. Dabei brauchen wir Pathos für die guten Dinge, da sie so wichtig sind. Man sieht das in Köln. Die Kölner lieben ihren Dom, ein Symbol für die jahrhundertelange Unterdrückung der Menschen durch die katholische Kirche, sie lieben ihn, egal ob sie Katholiken sind oder nicht. Es fehlt indes ein Gebäude, das die Befreiung der Menschen feiert, das Grundgesetz, das Wahlrecht der Frauen und vieles mehr. Es sollte schöner und vor allem höher sein als der Kölner Dom.

Luthers zentrale Erkenntnis – dass man im Leben

keine Bonuspunkte für den Himmel sammeln kann, so wie das Katholiken machen, sondern einzig die Gnade Gottes entscheidet – ist auch etwas, das wir tief verinnerlicht haben und dringend überwinden müssen. Denn es hat eine Neigung verstärkt, die die Deutschen schon von den Germanen geerbt haben: sinnlose Dinge bis zum bitteren Ende weitermachen. Ob Tierschützer, die Menschen verletzen, oder Naturschützer, die fordern, dass Biobauern ihre Schweine nicht auf der Weide lassen, sondern wieder in Ställe auf Spaltböden einsperren, damit die Bodenbelastung mit Nitrat verhindert wird – stets verrennt sich der Deutsche in Sinnlosigkeit, bleibt aber stur und ausdauernd dabei. In Hamburg-Barmbek haben Anwohner im Kampf gegen die Gentrifizierung den Bau einer U-Bahnstation verhindert, weil diese den Stadtteil weiter aufwerten könnte. Vielleicht können da die Alliierten helfen und Barmbek so lange bombardieren wie 1943, als in Hammerbrook eine U-Bahnlinie so zerstört wurde, dass sie bis heute eingestellt wurde. Traumhaft für alle, die gegen die Aufwertung ihres Stadtteils vor nichts haltmachen.

Wir sind alle lutherverseucht und müssten dringend ein Gegengift nehmen, doch das ist nicht in Sicht. So hat auch Luthers Forderung »Das Leben soll Buße sein« alle Schichten der Gesellschaft durchdrungen, auch wenn sie sich noch so weit entfernt vom Protestantismus glauben. Nicht umsonst gelten gerade Linksdogmatiker als besonders spaßbefreit. Das merken alle, außer sie selber. Der Kampf gegen Unrecht wird mit betroffener Miene geführt. Wer Cabrio fährt, kann nur böse sein. Wer zu Weihnachten sein Heim mit Lampen illuminiert, versündigt sich am Weltklima, dabei sind längst LED-Lampen erfunden, die das mit einem Bruchteil der Energie schaffen, die wir noch vor zehn Jahren verbraten haben.

Und noch ein Luthereffekt muss überwunden werden: der Glaube an die Schrift. Nur das Wort Gottes zählt, lautete seine Botschaft, und er hatte sie mit der deutschen Bibel selbst vorgelegt. Später rangen Linke mit demselben Eifer, mit dem Christen die Bibel auslegten, um jede Zeile im Kommunistischen Manifest. In meinem Stadtteil in Hamburg stellte ich vor Kurzem fest, wie schriftgläubig die Deutschen bis heute sind. Ich habe nur aus Spaß einen Zettel ausgedruckt und an den Altglascontainer geklebt. Auf ihm stand: »Sondersammlung bis 31.12.: Hier nur hellblaue Flaschen!« Ich habe das Loch mehrfach kontrolliert. Niemand hat etwas hineingeworfen. Mein Nachbar ist mit einem gefüllten Jutebeutel sogar brav umgedreht. Später habe ich ihn im Supermarkt gesehen, wie er drei Flaschen Blue Curaçao gekauft hat.

Noch einmal zurück zu unseren bäuerlichen Vorfahren und -bildern. Ist der 20. März vielleicht der Tag, an dem das Glück erfunden wurde, das uns heute eine gute Zeit beschert? Nachdem unzählige Menschen durch die Jahrhunderte die Forderungen der Bauern immer wieder auf ihr eigenes Leben angewendet und für sie gekämpft und viel riskiert haben? Ich glaube, ja. Und ich glaube, wir sollten zu allererst von den Bauern lernen, Dinge infrage zu stellen. Wir sollten uns die Fragen, mit denen wir uns eingehend beschäftigen, selbst stellen oder sie in der Auseinandersetzung mit Menschen, die uns weiterbringen, finden. Doch der Alltag sieht so aus, dass uns ständig Fragen in Form der Sau des Tages, die von Meinungsmachern durchs Dorf getrieben wird, vorgesetzt werden. Und dann denken wir auch noch über diese Fragen nach. Zum Beispiel, ob Jerusalem die Hauptstadt Israels sein soll oder doch lieber die Hauptstadt Palästinas. Wir denken damit über ein Dilemma nach, das es nicht geben muss, denn die Lösung lautet: Jerusalem wird die Hauptstadt Israels und zugleich die Hauptstadt Palästinas. Gute Hauptstädte sind für alle da. Berlin ist zum Beispiel nicht nur die Hauptstadt Deutschlands, sondern zugleich die Hauptstadt pampiger Busfahrer.

Lasst uns lieber die Wurzeln unseres freien und friedlichen Zusammenlebens feiern und dran bleiben, damit auch alle Forderungen der Bauern in die Verfassungen eingehen. Zum Beispiel die Grundrechte, die wir bis heute nicht umgesetzt haben: Die Seen, das Wasser, der Wald müssen allen gehören. Nimm das, Nestlé!

Was Macht mit uns macht – und wozu die Gewalten geteilt wurden

Kein Vormarsch ist so schwer wie der
zurück zu der Vernunft.
Bertolt Brecht

Jetzt beginnen wir mal in der allerjüngsten Geschichte, bevor wir Verbindungslinien zu ihren Wurzeln im 17. Jahrhundert ziehen. Als 2017 in Hamburg der G20-Gipfel stattfand, sollte die Polizei Gewalttäter davon abhalten, in die Stadt zu kommen. Dieses Konzept wurde nicht ganz schlüssig umgesetzt, denn ausgerechnet die Polizei musste die mit Abstand größten Gewalttäter am Flughafen abholen und in die Innenstadt eskortieren. Wladimir Putin, Recep Tayyip Erdoğan und vor allem den saudischen König Salman ibn Abd al-Aziz, der mit seiner Delegation das gesamte Hotel Vier Jahreszeiten an der Binnenalster gemietet und vorab bezahlt hatte.

Während die Politiker und ihre Entourage sämtliche

Zimmer der Stadt zu Höchstpreisen mieten konnten, da sie diese nicht selbst, sondern die Steuerzahler ihrer jeweiligen Länder bezahlen mussten (siehe weiter oben Wegelagerer und Piraten), wurde es Demonstranten verboten, für einige Tage ein Zeltlager im Stadtpark einzurichten. Natürlich kommt ein Igluzelt im Stadtpark nicht an den Komfort eines Hotelzimmers heran, trotzdem wäre die Genehmigung eines solchen Zeltlagers eine gute Geste gewesen, damit junge Leute ihr Demonstrationsrecht in Anspruch nehmen können und in dieser kurzen Zeit auf einer wunderschönen Fläche hätten wohnen können. Nebenkosten wie die Bereitstellung von ausreichend mobilen Toilettenhäuschen und eine Endreinigung wären angesichts der millionenschweren Kosten für die Sicherheit der Staatsgäste eine Kleinigkeit gewesen und ebenfalls ein Zeichen des Respekts für die Demonstranten: »Wir nehmen euer Demonstrationsrecht ernst, klar müsst ihr irgendwo schlafen, der Stadtpark ist schön und die U-Bahn nah.«

Doch die Stadtoberen wollten erst gar kein Camp genehmigen. Dann entschied man sich dazu, die Demonstranten an einem möglichst unwirtlichen Ort ihre Zelte aufschlagen zu lassen, einer Fläche in Entenwerder. Ich schwör bei Heidi Kabel, ich bin hier geboren, aber Entenwerder? Das musste ich googeln. Es ist eine Grünfläche unter den Elbbrücken, die bisher nur Stockenten bekannt war. Kaum waren die ersten Zelte auf der Matschwiese errichtet, gab es eine Razzia der Polizei und eine Räumung des kurz zuvor genehmigten Camps. Während das von der Verfassung garantierte Versammlungsrecht im Stadtpark mit der Grünanlagen-Verordnung abgeschmettert wurde und das weit entfernte Camp in Entenwerder ohne Grund aufgelöst wurde, schritt der Direktor des Vier Jahreszeiten, Ingo C. Peters, durch die Räume seines Hotels, um alles für den König von Saudi-Arabien vorzubereiten. In der 400 Quadratmeter großen Präsidentensuite ließ er Panzerglas vor die Fenster installieren. Eine weitere Wasserleitung wurde in jedes Bad verlegt, wofür auch immer. Dann stellte sich heraus, dass der saudische König in der 400-Quadratmetersuite vielleicht schlafen könnte, sie aber als Wohnzimmer für ihn ungewöhnlich eng sein dürfte. Deswegen wurden die Festsäle mit Sofas und Deko zu Empfangszimmern umfunktioniert. Auch ein Platz für den Thron war schon vorgesehen, den Salman selbst mitbringen wollte.

Der saudische König wollte vielleicht in Hamburg auch ein bisschen arbeiten. Jedes Jahr musste er rund 180 Todesurteile persönlich autorisieren, die sodann mit dem Schwert vollstreckt wurden. Für die Zeit des G20-Gipfels wollte er sein Office im gemütlichen Vier Jahreszeiten errichten. Und es stellt sich die Frage, wieso? Wieso muss ein demokratischer Staat und eine ebenso demokratische Stadt und im Besonderen das Management dieses Hotels in den Hintern eines Diktators kriechen? Und das völlig unnötigerweise, denn alle Staatspräsidenten des Gipfels, auch die aus demokratischen Ländern, suchten Unterkünfte. Als das Vier Jahreszeiten für den US-Präsidenten Donald Trump angefragt wurde, sagte Ingo C. Peters ab. Das führte in unserer reflexartigen Zeit zu Applaus, als habe er aus Protest gegen Donald Trump abgelehnt. Dabei war der einzige Grund, dass sein Hotel schon einem viel extremeren Despoten zugesagt hatte. Dies berichtete Ingo C. Peters dem *Manager Magazin* in einem launigen Interview. Auf die Frage, ob er auch Gäste ablehnen würde, zum Beispiel Diktatoren oder Warlords, lautete seine Antwort, er sei zunächst neutral. Allerdings würde er keine Gäste beherbergen, die der Verfassungsschutz als Gefahr einstufen würde. Puh, da hatte der saudische König aber Glück, dass der deutsche Verfassungsschutz ihn nicht für eine Gefahr hält.

Nebenbei führt der Verfassungsschutz nicht einen einzigen ausländischen Staatschef, und sei er noch so ein Kriegstreiber, in einer Liste der Verfassungsfeinde. Zwischen einem Diktator und einem König mit absoluter Macht gibt es keinen Unterschied. Ein Warlord war der alte saudische König dazu genauso wie der neue. Man denke an den Bürgerkrieg im Jemen, in dem das saudische Herrscherhaus für unzählige Opfer verantwortlich ist, Raketen auf einen Schulbus feuern ließ und zudem die größte Cholera-Epidemie der Geschichte zu verantworten hatte. Ingo C. Peters sollte sich dafür schämen, dass es ihm völlig egal ist, wie viele Menschen seine Gäste pro Jahr töten lassen. Mit dem saudischen König hat er sich den übelsten Menschenrechtsverletzer aller Gipfelteilnehmer ausgesucht. Neun Delegationen fragten später noch an, da hätte sich auch eine Präsidentin oder ein Präsident gefunden, die demokratisch gewählt und von einem Parlament kontrolliert wurden. Folter, Todesurteile, endlose Gefängnisstrafen für gewaltlosen Protest oder 1000 Peitschenhiebe für den saudischen Blogger Raif Muhammad Badawi, den mutigen Gründer eines Online-Forums, das sich »Saudische Liberale« nannte – all das muss Ingo C. Peters bekannt und egal gewesen sein. Und trotz aller Unterwürfigkeit und dem Willen, keinen, ja, nicht einmal den geringsten Anspruch an die Menschlichkeit der Gäste anzulegen, sagte das saudische Königshaus ab. Salman ibn Abd al-Aziz kam nicht zum G20-Gipfel. Das wäre die Gelegenheit gewesen. Viele Demonstranten suchten Unterkünfte, da die Camps verboten oder erst genehmigt und dann überraschend aufgelöst wurden. Nun standen 156 leere, aber schon bezahlte Zimmer im Vier Jahreszeiten zur Verfügung, um sie den Demonstrierenden anzubieten. Die Präsidentensuite mit den 400 Quadratmetern hätten sich ja auch zwei Leute teilen können. Nein, er hat es nicht gemacht.

Dass die Gewalten geteilt sind – in Exekutive, Legislative und Judikative – und nicht in einer Hand liegen, ist eine der großartigsten Ideen der Aufklärung. Vernünftige Leute trennen immer alle Dinge, die zusammen gefährlich werden können. Zum Beispiel Jagdgewehre und Patronen oder Feuerwerk und Streichhölzer. Auch bei uns gilt: Die Regierung hat zwar Exekutivmacht, aber das Parlament ist frei. Für jedes Gesetz, das die Regierung einführen will, bedarf es einer Mehrheit im Parlament, sonst kommt es wieder in die Schublade. Ebenso sind die Gerichte frei in ihren Entscheidungen. Sie sind nur den Gesetzen verpflichtet, nicht dem, was die Regierung will. Das weiß eigentlich jedes Schulkind ab der Mittelstufe. Und dann kommt der Erste Hamburger Bürgermeister Olaf Scholz nach dem G20-Gipfel und fordert hohe Strafen für Gewalttäter, die während der Krawalle im Schanzenviertel Straftaten begangen haben. Ich dachte, ich höre nicht richtig. Denn das steht ihm nicht zu. Gerichte entscheiden über die Höhe einer Strafe, nicht der Bürgermeister. Eine bestimmte Strafe fordern darf die Staatsanwaltschaft und, auch hier, nicht der Bürgermeister. Man könnte es als peinlichen Fehltritt abhaken, wenn nicht etwas Gruseliges passiert wäre.

Die Forderung des Bürgermeisters (Exekutive) an das Gericht (Judikative) zeigte Wirkung. Das erste Urteil für einen 21-Jährigen, der zwei Flaschen auf Polizisten geworfen hatte, lautete: zwei Jahre und sieben Monate Haft. Das Überraschende an diesem Urteil: Selbst die Staatsanwältin hatte nur ein Jahr und neun Monate gefordert. Doch der Wunsch aus dem Rathaus musste beim Richter Wirkung gezeigt haben und brachte dem jungen Mann zehn Monate mehr ein.

In Russland wartet man bei Gericht grundsätzlich, bis das Telefon klingelt und jemand aus dem Kreml anruft, bevor der letzte Akt des Prozesstheaters beginnt. Wir müssen da wirklich wachsam sein! Grundrechte erodieren, wenn wir uns nicht um sie kümmern. Es ist wie beim Zähneputzen: Jeder Versuch von Bakterien, sich an unseren Zahnschmelz zu machen, muss beherzt, gründlich und regelmäßig weggeputzt werden. Sonst bleibt nicht mehr viel übrig, außer der Theorie, wie es eigentlich sein sollte. So liest sich auch die DDR-Verfassung ganz wunderbar. Ein moderner, demokratischer Staat mit sozialistischer Basis schien da seine Grundsätze zu fassen. Dass statt Freiheit Unfreiheit herrschte und von Demokratie keine Rede sein konnte, zeigt: Ein Text muss nicht das Papier wert sein, auf dem er steht, denn Worte können sich nicht wehren, nur Menschen können das.

So wie sich Anhänger des Christentums und des Islams gerne mit dem beschäftigen, was in der Bibel oder dem Koran steht, und diese Texte auslegen, so sollten wir auch mit dem Grundgesetz unter dem Arm Verfassungsstunden veranstalten, wo man mit anderen über das diskutiert, was in der Verfassung steht. Ich bin froh, dass sich das Bürgerliche Gesetzbuch (BGB) in den deutschen Bestsellerlisten stets weit oben befindet, und das dauerhaft. Sogar vor manchen Kochbüchern, die für unser Glück sicherlich ebenso wichtig sind. Auch die Nachfrage nach dem Grundgesetz (GG) kann nicht nur von Erstsemestern der Rechtswissenschaften generiert werden, es sind zum Glück viel mehr, die sich dafür interessieren, was in ihm steht. Das Grundgesetz ist die Heilige Schrift unserer Demokratie. Wir sollten fortwährend über ihre Auslegung diskutieren und bei groben Verstößen, wie der Forderung nach harten Strafen von einem Regierungschef der Stadt Hamburg, dem wahren Schuldigen sogleich mit dem gedruckten Grundgesetz eins überbraten.

Leider ist die Erosion der Verfassungen in Europa in vollem Gange. Statt der Einklagbarkeit von Grundrechten tritt der König wieder in Erscheinung, manchmal auch im vermeintlich positiven Sinn, wenn sich ein Politiker in einer Wahlkampfsendung bereit zeigt, sich persönlich für einzelne Menschen einzusetzen, die ein konkretes Problem mit dem Staat haben. Dann heißt es zum Beispiel: »Ich werd da mal anrufen.« Was so viel bedeutet wie: »Wenn Sie als Normalbürgerin da anrufen, interessiert das keine Sau. Aber, wenn ich als Ministerpräsident da anrufe, was glauben Sie, was da möglich ist, also ich lass mal meine Beziehungen für Sie spielen.« Das beunruhigt mich zutiefst. Die Zeiten, in denen man sich vor den Königen in den Staub warf und um Gnade winselte, werden in solchen Momenten wieder greifbar.

Und wir haben uns schon daran gewöhnt und freuen uns über Gnade. So zum Beispiel, als der Menschenrechtsaktivist Peter Steudtner in der Türkei verhaftet worden war und nach wochenlangem Gefängnisaufent-

halt überraschend frei kam. Die türkische Staatsanwaltschaft eröffnete Anfang Oktober 2017 ein Verfahren
gegen ihn – wegen Unterstützung einer terroristischen
Vereinigung und was man sich eben so ausdenkt, wenn
einen ein Menschenrechtler nervt – und forderte fünfzehn Jahre Haft. Wenige Tage darauf forderte die Staatsanwaltschaft den Freispruch von Peter Steudtner, und
er kam tatsächlich frei. Alle, auch ich, freuten sich für
den aufrechten Friedensaktivisten, der zu seiner Familie und seinen Kindern zurückkehren konnte. Aber was
war passiert? Wieso kann ein Staatsanwalt erst fünfzehn Jahre Haft und dann Freispruch fordern?

Der olle Schröder war da gewesen, unser Gerhard,
bester Kumpel von Putin und deshalb hinlänglich damit
vertraut, wie man mit lupenreinen Autokraten umgeht.
Wir kennen sein breites Lachen. Er soll sich köstlich mit
Erdoğan verstanden haben, nebenbei wurde dem türkischen Präsidenten noch etwas von der deutschen Bundesregierung versprochen, wobei bis heute geheim ist,
was es ist. Für das Vorsprechen bei König Erdoğan hat
unsere Bundesregierung also einen Mann beauftragt,
der für eine Firma arbeitet, die auf der Sanktionsliste
der EU steht. Welchen Preis der türkische Präsident aufgerufen hat, erfahren wir später, wichtig ist an dieser
Stelle: Die Richter in der Türkei bekommen anscheinend Anweisungen von ihm, wie die Strafen auszusehen
haben, mal Knast, mal Freispruch, weil Schröder so
charmant war.

Wie sehr wir uns schon daran gewöhnt haben, dass nicht Gesetze, die von gewählten Parlamenten in Kraft gesetzt wurden, die Rahmenbedingungen für unser Leben setzen, sondern die Macht der neuen Könige zeigte sich auch bei einer TV-Diskussion mit Angela Merkel und Schülerinnen in Rostock. Als in der Sendung das palästinensische Mädchen Reem Sahwil beklagte, dass sie und ihre Familie bald in den Libanon abgeschoben werden sollten und dabei zu weinen anfing, wurde es Angela Merkel als Kaltherzigkeit ausgelegt, dass sie der Schülerin nicht direkt einen deutschen Pass in die Hand drückte. Eine Kanzlerin kann so was doch, oder? Und das Mädchen war so süß und sprach gutes Deutsch. Putin hat immer einen Stapel Blankopässe bei sich und kann Leuten persönlich eine russische Staatsbürgerschaft anbieten, wie dem mit Frankreich verkrachten Schauspieler Gérard Depardieu.

Ich möchte nicht falsch verstanden werden. Ich war auch dafür, dass Reem Sahwil in Deutschland bleiben konnte. Aber die Grundlage dafür sollte nicht ein Auftritt in einer Fernsehsendung sein, in der sie die Möglichkeit hatte, vor der Kanzlerin und einem großen TV-Publikum zu sprechen. Es war übrigens Putin, der diese Audienzen des Volkes als TV-Termin etabliert hat, bei denen ihm in aller Ausführlichkeit Klagen über die Spritpreise in Murmansk oder den Ärztemangel in Nowosibirsk vorgetragen werden können. Putin hört zu und sagt mit etwas Glück: »Ich hak da mal nach, und wenn der König nachhakt, dann bewegt sich auch was.« Ich möchte vielmehr, dass Reem Sahwil dauerhaft in Deutschland bleiben kann auf Grundlage eines Gesetzes, das es auch allen anderen Reem Sahwils ermöglicht hierzubleiben, die nicht die Chance haben im Fernsehen aufzutreten. Und gerne auch aus den Gründen, die die gerührten TV-Zuschauer, die sich im Minutentakt mit dem Schicksal rumänischer Straßenhunde, dem Aussterben des Pandabären und nun der drohenden Abschiebung von Reem Sahwil befassen und schon ganz taub vor Hilflosigkeit sind, anführen würden. Also: Das Mädchen war augenscheinlich sehr nett und ihre Familie wohl auch, der Vater hatte einen Job, die Mutter ebenso. Sie sprach so gutes Deutsch, wie es manche Deutsche in ihrem ganzen Leben nicht hinbekommen. Also wird in dem Gesetz stehen, dass Flüchtlinge, die sich gut integrieren, die keine Straftaten begehen, die fleißig Deutschkurse absolvieren und zur Schule gehen, einen deutschen Schulabschluss geschafft haben oder einen Job haben, die Perspektive haben müssen, hierbleiben zu können.

Mit der Gewaltenteilung ist es wie mit öffentlichen Bauwerken, Brücken, Bahnhöfen, Straßen und Kanälen. Frühere Generationen haben sie für uns erfunden und erbaut. Wir sollten es wenigstens hinbekommen, sie instand zu halten, aber selbst das schaffen wir nicht. Ganz zu schweigen davon, dass jede Generation das Leben noch eine Stufe besser machen sollte. Schöneres und

Besseres bauen und auch beim Staat Schritte gehen, die die Institutionen und die Menschen noch freier machen. Wir könnten Dinge endlich zu Ende denken und rufen: »Halt, so geht es nicht weiter! Wir müssen umdenken und gegensteuern.«

Wenn zum Beispiel die Presse und andere Medien als sogenannte »vierte Gewalt« frei sein sollen, dann beenden wir endlich das Trauerspiel, dass Rundfunkräte zu rund 25 Prozent mit Parteimitgliedern besetzt werden. Ändern wir, dass dort als Religionsgemeinschaften hauptsächlich Katholikinnen und Protestanten vertreten sind, aber niemand den Standpunkt von Agnostikern oder Atheistinnen einbringt, obwohl die Konfessionslosen mit 30 Prozent die größte Glaubensgemeinschaft in Deutschland sind.

Wehret den Anfängen ist bei der Gewaltenteilung wichtig, denn ihre Erosion kann sich schnell in einen Erdrutsch verwandeln. Wem die Einflussnahme der Politik in den Rundfunkräten nur ein Schulterzucken wert ist und es für okay hält, wenn Richter ihr Strafmaß den Wünschen eines Bürgermeisters anpassen, der sollte einen Blick ins europäische Ausland und darüber hinaus riskieren, denn dort wird es noch gruseliger, spätestens, wenn die Gewaltenteilung zu einer Theaterinszenierung wird, wie in der Türkei, Russland und neuerdings auch Polen.

Heute ist die Gewaltenteilung das Fundament für jeden wirklich demokratischen Staat. Sie gehört zur Hausordnung des freien und demokratischen Miteinanders. Wenn man in ein Haus zieht, unterschreibt man mit dem Mietvertrag immer auch eine Hausordnung, in der die Regeln des freundlichen Zusammenlebens stehen. Es gibt sie als Vordruck im Zeitschriftenladen, denn sie ist überall dieselbe. Bekanntes, wie die Mittagsruhe von 13 Uhr bis 15 Uhr, dass man nicht ins Treppenhaus urinieren soll, in der Wohnung kein Sofa anzünden darf und nach 22 Uhr keine Motorsäge benutzen soll, finden sich darin. Deshalb dachte ich, wenn ein Land unter das Dach der EU zieht, würde es auch so eine Hausordnung unterschreiben. Ebenfalls mit den bewährten Standards, wie der Gewaltenteilung, der Pressefreiheit, der Meinungsfreiheit, und auch Schwule und Lesben nicht diskriminiert werden dürfen und für Verfolgte aus zerrütteten Ländern immer ein Gästezimmer freigehalten werden sollte. Ich verstehe nicht, wieso Länder wie Polen und Ungarn zwar EU-Vorgaben für Energiesparlampen und CO_2-Emissionen beachten müssen, aber einfach die Pressefreiheit abschaffen und einen geschlossene Grenze mit Nato-Draht errichten können, ohne dass jemand sagt: »Sorry, geht nicht, widerspricht der Hausordnung. Genau, die habt ihr beim Einzug bekommen, gelesen, angenommen und unterschrieben.«

Die polnische Regierung hat seit 2015 einen widerlichen Eingriff in das Allerheiligste eines Rechtsstaats vorgenommen und einfach die Richter des Verfassungsgerichts entfernt. Dies geschah mit einem Trick. Sie ließen das Renteneintrittsalter für Verfassungsrichter auf 65 Jahre senken, und schwups, war die Hälfte der Richter ihres Amtes enthoben. Der öffentlich-rechtliche Medienbereich wurde auch seiner Unabhängigkeit beraubt. Zu glauben, dass es sinnvoll ist, unabhängigen Institutionen Vorschriften zu machen, ging schon bei dem Versuch schief, dem Piloten zu befehlen, seine Maschine im dichten Nebel zu landen und keinesfalls noch mal durchzustarten. Denn so ein Pilot weiß ja nicht, was er macht, er hat wohl keine Lust zu landen, und deshalb bedarf es eines Befehls: Landung! Sofort! – Die Maschine zerschellte.

Polen ist ein relativ junges Mitglied der Europäischen Union und dazu das Land mit den höchsten Hilfsgeldern aus Brüssel. In einen Klub einzutreten, Fördergelder einzustreichen und sich dann an keine einzige Regel des Klubs zu halten wirkt bizarr. Zum Glück demonstrieren immer wieder Zehntausende Polinnen und Polen, und es bleibt zu hoffen, dass die Guten gewinnen, weil sie die Guten sind und die Guten am Ende immer gewinnen.

Wie vernünftig, und damit auch reizvoll, die Gewaltenteilung ist, sieht man daran, dass Diktatoren, die sich einen feuchten Kehricht um die Freiheit von Gerichten und Parlamenten kümmern, trotzdem solche unterhalten. Einfach um den schönen Schein zu wahren, es ginge auch in ihrem Reich mit rechten Dingen zu. Warum Gefangenen, bei denen vom ersten Tag ihrer Gefangennahme klar ist, dass man sie töten wird, einen Prozess machen? Der Diktator könnte einfach sagen: »Du wirst erschossen und du nicht.« Aber das ist ihnen inzwischen selbst zu primitiv. Sie lassen lieber einen Prozess inszenieren, legen vorher das Urteil fest, und dann spielen alle Gericht. Stalin soll die besonders perfide Leidenschaft gehabt haben, die Aussagen, die wichtige Schuldige in Schauprozessen machen mussten, selbst Silbe für Silbe zu formulieren.

Die Ideen von Freiheit und der Notwendigkeit der Gewaltenteilung, die Entdeckung von Grundrechten, all das sind Dinge, die zunächst in den Köpfen von Menschen gedacht wurden, die ihr Leben selbst in die Hand nehmen wollten. Deshalb hatte Stalin Angst davor, dass seine russischen Untertanen selber denken könnten. Auch Hitler fürchtete frei denkende Menschen und nannte deshalb als Ziel seiner Zwangsrekrutierung der gesamten Jugend in die neu geschaffenen Organisationen: Jungvolk, Hitlerjugend, Bund deutscher Mädchen (BDM); und im direkten Anschluss: Wehrmacht, SA und SS und zahlreiche weitere NS-Organisationen, sie würden in diesem System »nie wieder frei werden«. Weil frei denkende Menschen immer schlecht für die Mächtigen sind, wurde auch die Bauernrevolution von 1525 nie als das epochemachende Ereignis gewürdigt, das sie war. Erst mit den Aufklärern bekam der Drang nach Freiheit einen theoretischen Überbau. Gerade in der Aufklärung zeigt sich die Macht der Gedanken, denn es waren zum Teil schmächtige, kränkliche Männer, die ihr Weltbild formulierten, und dennoch entfalteten diese Gedanken ungeahnte Kraft. Als Erstem gelang dies einem zunächst völlig unscheinbaren Engländer.

Die europäische Aufklärung – Therapie mit tödlichen Nebenwirkungen

> »Aufklärung ist der Ausgang
> des Menschen aus seiner
> selbst verschuldeten Unmündigkeit.«
>
> **Immanuel Kant**

Als einer der ersten Aufklärer wird Thomas Hobbes gelistet, und er eröffnet eine Zeit, in der vermehrt über die Natur des Menschen und des Staats nachgedacht wurde. Der kleine Thomas konnte schon als Kind alles früher als andere. Lesen und Schreiben mit vier, erste Fremdsprachen mit acht, Studium mit vierzehn Jahren. Er war schon seiner Zeit voraus, als er 1588 auf die Welt kam – bei einer Frühgeburt. Seine Mutter soll, so vermutete er später, Angst vor der Spanischen Armada gehabt haben, die dabei war, England anzugreifen, und beschleunigte deshalb die Geburt. War er vielleicht darum zeit seines Lebens ängstlich? Oder durch die weiteren kriegerischen Ereignisse im englischen Bürgerkrieg? Wie dem auch sei: Trotz aller Gefahren schaffte er es, stolze ein- undneunzig Jahre alt zu werden und die Welt zu ver- ändern.

Um Menschen wie Thomas Hobbes zu besuchen, müssen wir wieder weit in die Vergangenheit reisen, wie zu jeder anderen Persönlichkeit vor vierhundert Jahren. Doch besonders interessant finde ich es zu sehen, wel- che historische Gestalten zur gleichen Zeit lebten. So traf Thomas Hobbes Galileo Galilei und René Descartes und sprach mit ihnen über die Welt. Wäre es nicht wun- derbar, man könnte bei diesen Zusammentreffen Mäus- chen spielen und lauschen? Hobbes gilt als »aufgeklär- ter Feudalist«, ein Schlagwort, das jeder Geschichtslehrer hören will. Er begründete, warum es die Herrschaft ge- ben musste, die es schon lange gab. Andere waren da weiter. Schließlich gab es in England schon ein Parla- ment. König Karl I. ließ es auflösen, und insgeheim war Hobbes damit einverstanden. Das klingt eher reaktio- när, und er musste deshalb später auch das Land verlas- sen, als sich das Parlament gegen den König durchge- setzt hatte.

Obwohl spätere Aufklärer deutlich weiter gingen als Hobbes, bestimmt er bis heute unsere Vorstellung vom Staat als Körper, die sich in Begriffen wie Körperschaf- ten oder Verfassungsorgane widerspiegelt. Sein Men- schenbild war negativ. Ohne eine staatliche Übermacht, die er in seinem wichtigsten Werk – dem *Leviathan* – mit eben diesem selten zu sehenden, aber dennoch existierenden Seeungeheuer verglich, gehe es nicht. Ohne Macht herrsche zwischen den Menschen ein »Krieg aller gegen alle«. Noch so ein Schlagwort, das Kinder in der Mittelstufe lernen müssen. Dabei haben die meisten Menschen in den europäischen Urgesellschaften in Gruppen gelebt, in denen kooperiert und Arbeitsteilung praktiziert wurde, also in Großfamilien und Stämmen. Natürlich ist ein Krieg aller gegen alle bei Abwesenheit einer übergeordneten Macht ein Zustand, den man auch heute kennt, wenn etwa aufgrund einer Naturkatastrophe die Polizei nicht mehr in bestimmte Gebiete vordringen kann und dieses Machtvakuum von Plünderern ausgenutzt wird. Sie klauen, rauben und vergewaltigen. Aber dies ist genau genommen nicht ein Krieg aller gegen alle, sondern der Krieg einer gewaltbereiten, kriminellen Minderheit gegen eine wehrlose Mehrheit. Und neben dem Krieg der Plünderer besteht eine viel umfassendere Lebensform, die Hobbes nicht sehen wollte: Die Solidarität der Nachbarschaften, die sich helfen, Häuser wieder aufzubauen, und sich im besten Fall sogar gegen Plünderer wehren können. Solidarität, Kooperation und Zusammenhalt verschwinden nicht, wenn der König verschwindet. Im Übrigen sind meist die Mächtigen selbst die größten Plünderer in ihrem Herrschaftsgebiet. Und noch größere Gefahren für die einfachen Menschen gingen von den Konflikten aus, die Mächtige mit anderen Reichen anzettelten, um ihren Einfluss noch auszudehnen. Diese bewaffneten Konflikte konnte ein Einzelner in einer Gesellschaft ohne Machtspitze gar nicht auslösen. Große Kriege, wer gegen wen auch immer, gibt es erst, seit Menschen unter der Herrschaft von Anführern lebten, die ihre Untertanen wie Spielfiguren auf einem Schachbrett in die Schlachten schicken konnten. Das Ergebnis für die Betroffenen ist bis heute eine der schlimmsten Katastrophen, in die ein Mensch geraten kann. Einer der Ersten, die in Europa ihr Leben für einen Herrscher geben mussten, war vielleicht der arme Kerl, der um das Jahr 1250 vor Christus im kalten Vorpommern lebte und dessen von einem Pfeil durchbohrter Oberarmknochen erst 1996 gefunden wurde. Die Pfeilspitze war nach rund dreitausendzweihundert Jahren ebenso gut erhalten wie der Knochen mit Loch drin. Ein Nachbarschaftsstreit? Im Hobb'schen Kampf aller gegen alle? Nein, man fand immer mehr Waffen, eine Keule und zersplitterte Knochen von hundertvierzig Menschen, meist jungen Männern, die ja bis heute gerne in Kriege geschickt werden. An der Universität Greifswald geht man deshalb von einer Schlacht mit bis zu fünftausend Kämpfern an den Ufern des Flusses Tollense aus. In ihn warfen die Sieger ihre getöteten Gegner, und an dessen Ufer wurden sie stromabwärts alsbald von Sand und Ton bedeckt und konserviert. Es könnte sich, in einer Zeit des sich verschärfenden Fernhandels, um einen Kampf um Handelswege und eine hier einst befindliche Brücke gehandelt haben. Bronze wurde knapp, und das ausgerechnet in der Bronzezeit. Schon dieser erste europäische Krieg war das Werk von Herrschern und nicht das aller gegen alle.

Und erst recht waren die Kriege, die Thomas Hobbes in seinem Leben in Schrecken versetzten, das Werk von Staaten. Erst sie haben die Macht, große Zerstörungen anzurichten. Mitunter wirken Hobbes' Äußerungen über uns Menschen erstaunlich aktuell: »Was auch immer seine Vernunft ersinnt, wird hinfällig, sobald sich seine Triebe dagegenstellen.« Kannte er etwa schon die »Generation eigentlich«? Eigentlich ist man gegen Massentierhaltung, möchte wenig Fleisch essen, und wenn überhaupt, dann vom Biobauern um die Ecke – und doch fährt man nachts von der Autobahn zu McDonald's ab, einfach weil der Hunger größer ist als das Gewissen. Eigentlich ist man für faire Löhne in der Textilindustrie – schaut beim Shoppen letztlich aber doch nur auf den Preis. Die Liste der Eigentlich-Momente, in denen wir unseren vernünftigen Ansprüchen hinterherhinken, könnte endlos fortgeführt werden.

Bricht sich in solchen Momenten nicht vielleicht einfach etwas Bahn, was Thomas Hobbes als Grundrecht Nummer eins beim Menschen ausgemacht hat? Er nennt es das Recht auf Selbsterhaltung. Wir kennen es als Selbsterhaltungstrieb. Der Mensch will leben, um jeden Preis. Hobbes erkannte auch schon, dass es beim Streben nach Reichtum und Macht – wobei wir uns heute fragen, ob es nicht auch mit weniger geht – ebenso um den Selbsterhaltungstrieb geht. Irgendwann kann man vielleicht seine Macht und seinen Besitz gebrauchen, um sein Leben zu verteidigen und zu sichern – ist es also nicht einfach nur menschlich, so zu denken und zu handeln?

Der eigentliche Superstar der Aufklärung, wurde später John Locke, der erst geboren wurde, als Thomas Hobbes schon vierundvierzig Jahre alt war. Sein Vater hatte im englischen Bürgerkrieg aufseiten des Parlaments gegen König Karl I. gekämpft, vielleicht hat das Locke mehr kritischen Geist eingehaucht als Hobbes. Er formulierte schon viel mehr Rechte, die Menschen haben sollten, nicht nur eines auf Leben, sondern auch eines auf Glück, das sich später als vages Versprechen in der amerikanischen Verfassung wiederfand, die überhaupt eine Abschrift der Locke'schen Gedanken darstellt. Eine Obrigkeit, ein Staat müsse all diese Rechte den Menschen garantieren, sonst hätten die wiederum das Recht, aufzubegehren.

Also nehmen wir einmal an, ein Staat tut nichts dagegen, dass den Bürgern im großen Stil Fahrräder geklaut werden. Letztere wissen schon: Wenn man ein Fahrrad irgendwo abstellt, ist es auch schon geklaut, selbst teure Schlösser bringen nichts. Fordert der Bürger den Staat auf, etwas für die Rückerlangung seines Fahrrads zu tun, indem er zur Polizei geht und Anzeige erstattet, hört er nur ein Stöhnen. Lässt er eine Rahmennummer eingravieren, hilft das auch nichts, da der Staat zwar viele Abkommen mit den Staaten hat, in welche die geklauten Fahrräder hauptsächlich geschmuggelt und wo sie verkauft werden, aber keines, in dem die Rahmennummern gestohlener Fahrräder an die dortige Polizei übermittelt werden. Bauen sich die Besitzer der Fahrräder deshalb beim nächsten Modell einen Peilsender ins Fahrrad ein oder filmen den Dieb auf frischer Tat, so sind diese Aktionen als Beweismittel nicht zugelassen. Nach Locke haben die Menschen in einem solchen Fall durchaus das Recht, die Regierung zu verjagen. Na dann mal los, wann fangen wir an, damit wir endlich unsere Fahrräder behalten können? Das wäre eine neue Revolution.

Als 1867 der erste Band von *Das Kapital* in Hamburg erschien, deutete noch nichts darauf hin, dass hier der erfolgreichste Sachbuchautor des 20. Jahrhunderts die Bühne betreten hatte. Indes, da dieses 20. Jahrhundert noch etwas hin war, nützte ihm dieser Umstand finanziell wenig. Die erste Ausgabe erschien in einer Auflage von tausend Stück. Erst posthum stellte sich der Erfolg ein. Vielleicht ist das der Grund, warum von Karl Marx nur Bilder in Umlauf sind, die ihn als alten Opa zeigen. Eigentlich gemein, denn Marx war ein durchaus attraktiver junger Mann und hatte auch schon in jungen Jahren als Journalist und Verleger im Rheinland für die gute Sache gekämpft. Als Marx 1818 geboren wurde, lebte Napoleon noch, und es ist kein Wunder, dass gerade die Franzosen, die ihre epochemachende Revolution von 1789 mit dem Ruf nach Freiheit, Gleichheit und Brüderlichkeit erstritten, bis heute zum großen Teil vom Kommunismus träumen. Ich kam mit dem Marxismus 1990 in Göttingen in Kontakt. Dort hatte ein Pfarrer riesige Buchbestände aus der gerade untergegangenen DDR unter freiem Himmel deponiert. Man konnte so viele Bücher mitnehmen, wie man wollte, wenn man etwas für die Kirche spendete. Für mich, der ich zu dieser Zeit noch als autonomer Sympathisant für die Revolution kämpfte, reichte dies, um mit einem Freund und einem R4 bis nach Göttingen zu fahren. Es fiel uns zwar schwer, für eine Kirche zu spenden, die seit Jahrtausenden die Menschen unterdrückte, aber wenn dies dazu führte, dass unser theoretisch wenig untermauerter Revoluzzergeist endlich eine fundierte Basis bekam, würde sich der Deal für die Menschheit lohnen. Ich war damals sehr enttäuscht von der Wiedervereinigung, da ich den Sozialismus für die bessere Lebensform hielt und im Geiste den Ostdeutschen, die ihre ersten Fahrten zu Aldi, Edeka und auf die Reeperbahn unternahmen, zurief: »Tut es nicht, ihr werdet enttäuscht sein. Der Sozialismus hat eine weitere Chance verdient, lasst es uns noch mal versuchen!« Heute würde ich dies mit meinem damaligen Alter entschuldigen. Keine zwanzig war ich. Und wie bei allen, die keine Ahnung von dem haben, was sie fordern, war die Grundlage meines Weltbilds eine Projektion. Verfechterinnen eines einfachen Landlebens im Einklang mit der Natur leben meist in einer Großstadt, und Verfechter des Kommunismus leben in der Regel im Kapitalismus, während die Menschen in den Dörfern und einsamen Bauernhöfen sich nichts mehr ersehnen, als endlich in die Stadt zu ziehen. Und die DDR-Bürger, die 1990 auf mich zukamen, waren froh, dass der Sozialismus vorbei war. Mit der von Lenin adaptierten Theorie des Karl Marx fand in Russland die größte kommunistische Revolution der Welt statt und wurde fortan mit dem Marxismus-Leninismus begründet, dessen Kern Ronald Reagan Anfang der Achtzigerjahre so skizzierte: »Ich habe Witze gesammelt, die sich Russen in Russland einander erzählen. Man musste dort bei einer Bestellung eines Autos sofort bezahlen und dann zehn Jahre auf die Lieferung warten. Der Kunde fragte, wann in zehn Jahren die Lieferung genau erfolgen würde, vormittags oder nachmittags? Daraufhin sagte der staatliche Verkäufer: ›Vormittags oder nachmittags? Guter Mann, das spielt bei zehn Jahren doch wohl keine Rolle.‹ – ›Doch‹, sagte der Käufer, ›vormittags kommt der Klempner.‹«

Trotz allem krachenden Scheitern kommunistischer Länder, ob von kapitalistischen Feinden umzingelt wie Venezuela oder bei einem mit einem Viertel der Weltbevölkerung ausgestatteten Riesenexperiment im Ostblock: Solange es Menschen gibt, die von einer gerechten Welt träumen – und ich hoffe, dass es von ihnen immer viel mehr gibt als von jenen, denen Gerechtigkeit egal ist –, so lange wird es immer ein Schwärmen für den

Kommunismus geben. Ein Tontechniker in einem meiner Lieblingstheater, in dem ich auftreten darf, erklärte es mir so: Kommunismus ist, wenn alle Menschen glücklich sind. Was soll man da noch entgegnen? Marx sei erstaunlich aktuell, heißt es immer wieder. In der Tat findet eine Konzentration des Reichtums in immer weniger Händen bis heute statt. Doch Marx' größere Leistung war sicher die in seine Lebenszeit fallende Bewusstwerdung der Arbeiter, dass sie zur Arbeiterklasse gehören, und dass diese – unorganisiert, ungehört und geschwächt, wie sie war – doch endlich zusammenfinden und schlagkräftige Strukturen entwickeln sollte. Interessant finde ich die Frage, ob Marx' Lehre für totalitäre Staaten wie das Stalin-Russland missbraucht wurde oder ob nicht schon in den Marx'schen Schriften der Keim für einen Totalitarismus angelegt war. Keine andere Staatsform ist so dick mit Theorie unterfüttert. In meiner Unizeit stritten noch die Marxistische Gruppe (MG) und der Kommunistische Bund (KB) über die Auslegung bestimmter Zeilen im Werk von Karl Marx. Der Kapitalismus braucht keine Theorie, er ist ein Urzustand, der sich immer von alleine einstellt. Während der Kommunismus oft zu Armut führte, obwohl doch alle gleichen Besitz am gesellschaftlichen Reichtum haben sollten, war der Kapitalismus, der doch angeblich allen Reichtum in den Händen weniger konzentrierte und die Arbeiter um ihren gerechten Lohn am Mehrwert der durch sie hergestellten Produkte betrog, ganz im Gegenteil durchaus in der Lage, Arbeiter am gesellschaftlichen Reichtum zu beteiligen in Form von elektrischen Lampen, Kühlschränken, Waschmaschinen und Autos. Schon 1918 fehlte den Arbeitern bei der Revolution in Deutschland letztlich der Mut, den Sozialismus wirklich einzuführen.

Für mich gleicht die Marx'sche Lehre vom Kommunismus einer Religion. Auch die Bibel ist ein dickes Buch und verspricht ein Paradies, das noch nie eingelöst wurde, und einen Gott, den zu suchen viele nicht aufgeben, obwohl sie ihm nie begegnen. Aber sie geben einfach nicht auf, da die Aussicht auf einen Platz im Paradies ebenso beglückend ist wie die Vorstellung, Gott können einem erscheinen und seinen schützenden Arm um einen legen. Ebenso sind Marx' Bücher ein Versprechen auf eine bessere Welt, und auch wenn dieses Versprechen noch nie eingelöst wurde, knüpfen bis heute viele Menschen ihre Hoffnungen daran. Endgültig deckungsgleich werden Religion und Marxismus, wenn trotz fehlendem Paradies, ob nun im Himmel oder auf Erden, beide ihre Anhänger auffordern, eben deshalb noch leidenschaftlicher für das Ziel zu kämpfen. Wenn man sich nur genug anstrengt, wird es schon klappen. Auch des Kaisers neue Kleider konnte man nur sehen, wenn man fest dran glaubte.

Jede Revolution hatte eine theoretische Begründung, und die Aufklärer von Hobbes und Locke über Montesquieu bis zu Marx, der für mich auch ein Aufklärer war, lieferten so viele Gründe für den Aufstand, dass es gleich für eine ganze Reihe von Revolutionen reichte. Theoretisch gut aufgestellt, praktisch aber schlecht, das war bisher das Muster der meisten Umstürze. Oft waren Revolutionäre einfach schlecht bewaffnet. Iren probierten es gegen die englische Armee mit Heugabeln. Bei der Französischen Revolution gab erst eine Hungersnot den Menschen den Willen zum Aufbegehren, doch wer Hunger hat, ist geschwächt. 1848 versuchten Menschen in Berlin, die Kavallerie mit bloßen Händen von ihren Pferden zu ziehen, und hinter einer Barrikade lud Theodor Fontane ein Gewehr, das er in einem Theaterfundus gefunden hatte, mit Münzen als Patronen. Bei jeder Revolution musste erst mühsam militärisches Gerät besorgt werden. Und selbst wenn man Pistolen und Gewehre in die Hände bekam, wie im Spanischen Bürgerkrieg, hatte der Gegner Panzer und Flugzeuge. Deshalb hat der Partisan bis heute vor allem dort Erfolg, wo man mit beidem wenig anrichten kann: in den Bergen. 1918 schließlich legten die Deutschen eine fulminante Revolution hin, weil diese von Soldaten ausging, die schon bewaffnet waren und sich im bewaffneten Kampf auskannten. Aber ist eine Revolution des Militärs nicht eher ein Militärputsch? Oft bringen diese Revolutionen neue Despoten an die Macht, beenden Demokratien, doch 1918 brachte sie, wenn auch nur kurzzeitig, den Sozialismus und dann die Republik. Der Rest der Bevölkerung musste nur noch jubelnd den revolutionären Soldaten hinterherlaufen. 1989 in der DDR schließlich war das Regime schon so wackelig, dass allein die Anwesenheit von mehreren Zehntausend Demonstranten direkt vor der Mauer genügte, um die Diktatur mit der alten Forderung der Bauern von 1525, dass der Mensch frei sein müsse, zu beenden.

Aber was bringt eigentlich eine Revolution? Geht es danach den Menschen immer besser? 1989 hatten die Deutschen großes Glück, dass nicht ein einziger Schuss fiel. Bei anderen Revolutionen muss man sich fragen: Was haben sie eigentlich Positives für die Menschen gebracht? Brachte die Französische Revolution Grundrechte und Freiheit? Sie brachte vor allem den Tod. War es wirklich notwendig, die Existenz einer zweiten christlichen Kirche in Deutschland mit Millionen Opfern zu bezahlen, als die Protestanten den revolutionären Gedanken hatten, eine neue christliche Religion auf den Markt zu werfen? In Revolutionen erheben sich für gewöhnlich Menschen, um ihre Freiheit einzufordern, ihre Unterdrückung zu beenden. Sie erklären der Obrigkeit, die sie ausbeutet, den Krieg – handelt es sich deshalb vielleicht um gerechte Kriege? Heute sind wir uns einig, dass das höchste und heiligste Gut das Menschenleben ist, das beschützt werden muss, auch wenn dieser Anspruch nur für wohldefinierte Kreise der Weltgesellschaft zu gelten scheint. Die Bürger der Schweiz zum Beispiel und nicht die Menschen, die versuchen, über das Mittelmeer nach Europa und in die Schweiz zu kommen, oder all jene Menschen, die in anderen Teilen der

Welt für Schweizer Unternehmen und Konsumenten schuften müssen. Dennoch stellen die Verfassungen demokratischer Staaten stets den Menschen in den Mittelpunkt, wie das deutsche Grundgesetz mit seiner berühmten Aussage: »Die Würde des Menschen ist unantastbar.« Doch gerade nach Revolutionen hat es oft derartig viele Opfer gegeben, dass die Frage erlaubt sein muss, ob es ohne die Revolutionen nicht besser gelaufen wäre. Durch die schon von deutschen Bauern im Mittelalter geforderte Freiheit, die durch die französischen Aufklärer zusätzlich geforderte Gleichheit der Menschen und die Forderung der Gewaltenteilung in zunächst zwei (Hobbes) und später mit der Judikative drei Gewalten (Montesquieu) geht es uns heute besser, da sie nun Basis der meisten demokratischen Staaten sind – auch wenn diese Forderungen mit Gewalt durchgesetzt wurden. Doch was bedeutete das für den einzelnen Menschen direkt nach der Revolution? Die große Gefahr eines jeden Umsturzes ist, dass der Kampf gegen den Gegner zu einem endlosen Blutvergießen führt, schließlich bleibt ein nicht getöteter Gegner ein tödlicher Gegner. Doch gleich in einer ganzen Reihe von Revolutionen endete der Triumph über den Gegner in einem schrecklichen Blutrausch, der schließlich jeden verschlingen konnte. Den meisten dürfte etwa unbekannt sein, dass mit der Guillotine noch bis zum 10. September 1977 Menschen geköpft wurden, als Giscard d'Estaing schon regelmäßig bei Helmut Schmidt in Langenhorn an der

Hausbar saß. Hamida Djandoubi hieß das letzte Opfer an diesem Tag. Sein vom Körper getrennter Kopf soll noch dreißig Sekunden weitergesprochen haben. Frankreich schaffte die Todesstrafe erst im Jahr 2007 ab. Viele der uns heute selbstverständlich erscheinenden Errungenschaften in Europa sind noch sehr jung. Jünger als die Idee von der Freiheit, der unveräußerlichen Grundrechte und der Gewaltenteilung ist die Erkenntnis, dass das menschliche Leben, seine Unversehrtheit, ein hohes Gut ist. Lange war es selbstverständlich, dass Menschen im Kampf für die gute Sache verheizt wurden, etwa den Kommunismus, die Freiheit, den König. Wie wenig der Einzelne zählte, zeigen endlos viele traurige Beispiele. Stalin schickte die ersten Soldaten gegen den überraschenden Angriff Hitler-Deutschlands im Zweiten Weltkrieg ohne Waffen in den Kampf. Im Ersten Weltkrieg erwartete die Führung von den Soldaten in Frankreich und Deutschland, dass sie aus den Schützengräben heraus auf den Feind zuliefen, obwohl das Maschinengewehr schon erfunden war. Deshalb soll jetzt von der wohl genialsten Leistung Europas die Rede sein: der Abschaffung des Kriegs.

Wie Europa den Krieg abschaffte

Es gibt keinen Weg zum Frieden.
Frieden ist der Weg.
Mahatma Gandhi

Ich möchte mit Ihnen nichts Geringeres suchen als die Friedensformel, und ich hoffe, Sie sind genauso brennend daran interessiert, sie zu finden, wie ich. Die Idee ist, ein Rezept zu finden, das schon nachweislich Frieden in Europa gebracht hat, und dieses Rezept dann einfach auf die verbliebenen Kriege oder kriegerischen Auseinandersetzungen anzuwenden – und schon können alle Menschen auf der Welt in Frieden leben. Einverstanden?

Here we go. Täglich, ja sogar mehrmals am Tag, lese ich Artikel über gewalttätige Ereignisse in Syrien, Palästina, der Ukraine, Somalia oder einem anderen Ort der Welt und denke jedes Mal: »Wieso, zur Hölle, können die Menschen nicht einfach miteinander in Frieden leben? Das kann doch nicht so schwer sein.«

Einige der Konflikte, die noch heute lodern, waren schon Thema in der Tagesschau, als ich sie als Kind in den Siebzigerjahren im Bademantel anschauen musste, da die Unterhaltungssendungen erst nach dem Elend beginnen durften. Für die Spalter, die Separatisten in aller Welt, gilt seit jeher: Lieber König von einem kleinen Reich als ein Niemand in einem großen Reich. Wenn wir es schaffen, nur unser Dorf oder unseren Stadtteil mit einer Truppe von gewaltbereiten Mistreitern für uns zu beanspruchen, können wir seine Einwohner wunderbar ausnehmen, Steuern einstreichen oder Schutzgeld erpressen, was im Grunde dasselbe ist. Wenn wir dann noch ein bisschen nett sind, eine Turnhalle bauen oder uns um alte Omas kümmern, liebt die Bevölkerung uns vielleicht sogar.

Es ist eine Glanzleistung unseres Kontinents, dass es die ihn bewohnenden Völker geschafft haben, einen dauerhaften Frieden zu gründen, nachdem sie sich über Jahrhunderte gegenseitig zerfleischt haben. Wie konnte es gelingen, aus verbitterten Feinden beste Freunde zu machen? Der Weg war lang und voller Umwege und Sackgassen, und man kann über die Europäer sagen, sie haben wahrlich jeden Irrweg ausprobiert, jeden rechnerisch möglichen Krieg geführt, fast jede Region einmal, viele mehrmals verwüstet, wieder und immer wieder aussichtslose Schlachten geführt – bis sie endlich merkten, dass der Frieden besser ist. Was so klingt, als müsse eigentlich jeder Depp früher oder später darauf kommen, ist alles andere als selbstverständlich, es ist sogar eine der größten Leistungen in der europäischen Geschichte, dass dort Frieden einkehrte, wo zuvor Krieg herrschte.

Was macht eigentlich einen friedfertigen Staat aus? Nach dem *Global Peace Index* des Institute of Economy and Peace werden die Staaten der Welt in eine Tabelle gerankt – also aufgelistet – und nach Friedfertigkeit beurteilt. Auf Platz 1 landet da immer wieder Island, ein Land, das noch nie einen bewaffneten Konflikt mit einem Nachbarn hatte. Wie auch? Es ist eine Insel. Die nächsten Nachbarn sind weit entfernt. Ähnlich gut schneidet Neuseeland ab. Ist das vielleicht das beste Rezept für eine friedliche Nachbarschaft: keine Nachbarn zu haben? Nun, schon die Geschichte Englands, ebenfalls eine große Insel, widerlegt diese These. Es gab dort eine endlose Abfolge von Kriegen unter den Inselbewohnern, bis sich diese darauf geeinigt hatten, dass es reicht, gemeinsam den Rest der Welt anzugreifen und große Teile der Erde als Kolonien zu unterwerfen. Gut, England ist deutlich größer als Island, vielleicht darf eine Insel eine gewisse Größe nicht überschreiten. Doch mit Zypern findet sich in Europa auch eine winzige Insel, winzig im Vergleich zu Island, die dennoch in zwei Teile geschnitten wurde. Eine Robinsoninsel mit einem einzelnen Menschen als Bewohner, das mag ein verlässliches Friedenskonzept sein, aber nur, wenn dieser Robinson nicht in der Lage ist, ein Boot zu bauen und damit irgendwo hinzufahren, wie es die Wikinger gemacht hatten. Diese hatten auch keine Nachbarn und sind einfach mit ihren Booten so weit gesegelt, bis sich jemand fand, den man verprügeln konnte. Vielleicht war der Bootsbau an allem schuld, aber fangen wir von vorne an.

Warum gibt es Krieg?

Um zu verstehen, wie Frieden funktioniert, müssen wir wohl oder übel verstehen, wie Krieg funktioniert. Es ist wie bei einem Wasserschaden mit der Waschmaschine: Bevor wir anfangen aufzuwischen, müssen wir wissen, wo das Wasser herkommt. Krieg hat eine Logik, die wir durchbrechen können, also beschäftigen wir uns mit dieser Zwangsläufigkeit. Krieg wird immer begonnen, um Macht zu gewinnen. Wenn ein Land ein anderes überfällt und besetzt, erringt es Macht über ein neues Territorium, über seine Rohstoffe und Menschen. Bei einem Religionskrieg und auch bei religiös motiviertem Terror geht es um die Ausweitung des Machtbereichs einer Religion. Selbst in Befreiungskriegen und Revolutionen, in denen Menschen für ihre Rechte kämpfen, geht es um Macht, nämlich jene über sich selbst, auch bekannt als Freiheit und Selbstbestimmungsrechte.

Jeder Kontinent hat seine kriegsreichste Phase zu unterschiedlichen Zeitpunkten gehabt. Asien von den Siebzigerjahren bis 1995. Südamerika in den Jahren von 1980 bis 1995 und unser Europa bis 1945. Nach diesen kriegsintensiven Zeiten brachen jeweils Phasen des Friedens an, die bis heute anhalten. Nur in Afrika und dem Nahen Osten ist der Trend zu mehr Frieden noch nicht sichtbar. Vielleicht gibt es dort noch etwas, was neben Regierungen, die gerne Krieg wollen, unbedingt vorhanden sein muss, damit man einen Krieg auch anfangen kann: eine große Generation Jugendlicher. Mit den alternden Gesellschaften des Westens ist kein Krieg mehr zu machen, obwohl ich bei mancher verbissenen Nordic-Walkerin denke: »Puh, wenn es von denen früher mehr gegeben hätte, wer weiß, vielleicht hätten die Deutschen den Zweiten Weltkrieg gewonnen.«

Das ist für mich übrigens der heikelste Satz in meinem Bühnenprogramm. Meistens klatscht an der Stelle niemand, doch manchmal schon, zum Beispiel in einer kleinen Stadt in Mecklenburg-Vorpommern, dann bekomme ich ein sehr ungutes Gefühl und stelle mir eine Wochenschau vor, die aus einem Volksempfänger dröhnt: »Die deutschen Panzer hängen vor Moskau im Schnee fest, aber Hildegard mit ihren Stöcken kommt noch ein paar Kilometer weiter.« Aber im Allgemeinen haben Menschen ab vierzig Jahren wenig Lust, sich in einen Kampf zu werfen. Doch wenn Scharfmacher auf Jugendliche treffen, die von Natur aus noch risikobereiter und leichter zu Gewalt zu verführen sind, kann es leichter zum Krieg kommen. Zunächst einmal müssen aber zwei kriegsentscheidende Fragen geklärt werden. Ohne radikal klare Antworten auf diese beiden Fragen ist kein Krieg möglich.

Wer sind wir? Und wer sind die anderen?

Eine Regierung, die Krieg will, braucht einen klar umrissenen Feind. Und Krieg funktioniert nur, wenn wir das Spiel mitmachen und für uns »die anderen« genau die sind, die die Propaganda dafür auserkor. Deutsche gegen Franzosen, Deutsche gegen Engländer, Deutsche gegen Russen, Arier gegen Juden, Volksgenossen gegen Kommunisten, Schmarotzer und Faulpelze – unter der Herrschaft Hitlers wurde das »Deutsche gegen…« für einen Vernichtungskrieg auf die Spitze getrieben. Interessant ist, dass wir bei der wichtigsten Frage der deutschen Geschichte – »Wie war der Faschismus möglich?« heute immer noch in die Wir-und-die-Falle tappen können. Denn kaum fragen wir uns: »Wie hätte ich mich damals verhalten?«, schlüpfen wir ohne nachzufragen in die Rolle, die die Nazipropaganda damals für uns vorgesehen hat, in die Rolle des Blutsdeutschen mit der Möglichkeit, bei der Verfolgung anderer mehr oder weniger mitzumachen, mehr oder weniger zu profitieren, sich mehr, weniger oder gar nicht zum Henker machen zu lassen. Dabei ist es ebenso möglich, sich in die Rolle eines Bürgers des Deutschen Reichs zu versetzen, der nicht verfolgt wurde, wie in die einer jüdischen Mitbürgerin. Wenn wir auch bei der Erinnerung gleich in die Rolle des Ariers schlüpfen, wiederholen wir eine Grenzziehung die heute genauso willkürlich ist wie damals. Wir Arier, die Juden. Schon bei der Frage, wie wir damals gehandelt hätten, tappen wir damit in die Falle, und alles ist so wie 1933. Denn wer waren denn die Juden, denen man plötzlich mit den Reichsrassegesetzen alle Rechte absprach? Waren es Ausländer? Nein, es waren genauso Bürger des Deutschen Reichs wie alle anderen. Waren es Juden im religiösen Sinne, also Anhänger des Judentums? Auch nicht. Die Verfolgten waren Bürger mit jüdischen Wurzeln. Sie selbst konnten zwar orthodoxe Juden sein, jüdische Kultur leben und eine jüdische Identität haben, die Verfolgten konnten aber auch völlig konfessionslos leben. Und was mich zuletzt wirklich überraschte: Angesichts der dröhnenden Hetze gegen Juden war ihre Zahl so gering, dass ich mich fragte, wie die Grenze zwischen Juden und Nichtjuden gezogen werden sollte, wo es doch im ganzen Deutschen Reich mit seiner Gesamtbevölkerung von 65 Millionen Menschen nur 502 799 Juden gab, sich also der ganze Hass einer monströsen Propagandamaschine gegen eine Gruppe richtete, die nur einen verschwindend kleinen Anteil von 0,77 Prozent an der Gesamtbevölkerung stellte.

Die anderen, die an allem schuld sein sollten, waren nicht nur wahnsinnig wenige, sondern mussten, da sie zum Großteil nichts von den anderen Menschen unterschied, mit der Lupe gesucht werden. Diese Lupe stellte der NS-Staat. Im Zuge der sogenannten Nürnberger Rassegesetze, die das »wir« und »die« definierte, wurde eine bizarre Schautafel geschaffen, die den Menschen erläutern sollte, wie viele nichtjüdische und damit arisch genannte Vorfahren man haben musste, damit man als »deutschblütig« akzeptiert wurde, und wie viele jüdische Vorfahren ausreichten, bis man als »Jude« aus der »Volksgemeinschaft« ausgestoßen wurde. Tatsache war, wer den Ariernachweis nicht erbringen konnte, war in höchster Gefahr. Viele merkten erst bei der Überprüfung ihrer Abstammung, dass es mit einem jüdischen Großvater ein Problem gab. In Berlin wurden 35 000 Menschen mit jüdischen Wurzeln deportiert, viele weitere emigrierten, flohen oder nahmen sich das Leben.

Da die vorangestellte Frage genauer gesagt lautet: »Wie hätte ich mich verhalten, wenn in meiner unmittelbaren Umgebung großes Unrecht geschieht?«, erfordert sie dennoch, dass wir uns in die Rolle des vor Verfolgung sicheren Berliners denken müssen. Für den Faschismus und dem zu ihm gehörenden Horror bedarf es mehr als seine glühenden Anhänger, die Mitglieder der NSDAP, die Nazis, die sich an Fackelzügen und Aufmärschen beteiligten. Er stützte sich auch auf die viel größere Gruppe von Menschen, denen – obwohl vielleicht verzagt und zweifelnd – Vorteile aus der Situation erwuchsen. Man war auf der Suche nach einer Wohnung, und eine zu finden war sehr schwierig, da wurde plötzlich eine im Haus des Bruders frei, weil dort eine jüdische Familie ausziehen musste. Welch ein Glücksfall, vor allem, weil der Bruder ihnen auch noch einige Möbelstücke abkaufen konnte, und das sehr günstig. Dazu ein Klavier, das konnte man wieder zu Geld machen, weil man es wirklich sehr billig erworben hatte, denn: Was konnten die Brombergs jetzt noch mit einem Klavier anfangen? Sie mussten ja verkaufen. Auch heute ist es schwer, in Berlin eine Wohnung zu finden. Wer eine Anstellung als Schauspieler sucht, eine Apotheke eröffnen möchte oder den Aufstieg an der Universität schaffen will, für den wird es leichter, wenn plötzlich überall Menschen fehlen, die das machen, was man selbst auch anbietet.

Darf man Sie eigentlich so nebenbei in einem Buch an den Holocaust erinnern, das sich der Leichtigkeit verschrieben hat? Ich glaube, ja. Mit Toten ist es so, dass stets ein Mantel des Schweigens über ihre erloschene Existenz gelegt wird, oft nicht aus böser Absicht, sondern weil man Angst hat, nicht die richtigen Worte zu finden. Wenn der Mann einer Freundin stirbt, ist das Kondolieren der schwierigste Moment für alle Beteiligten. Ist es dennoch erledigt, erwähnt man den Mann, der nun nicht mehr da ist, in der Anwesenheit der Nachbarin nicht mehr. Man möchte nicht, dass sie wieder traurig wird. Doch da niemand mehr über ihren Mann spricht, an den sie doch so oft denken muss, scheint es ihr, als sei er für die anderen doch nicht so wichtig gewesen. Auch in diesem privaten Umfeld ist es wichtig, an den Verstorbenen zu erinnern und im Restaurant zu sagen: »Heinz hätte jetzt Knödel bestellt.« Oder seine Frau zu fragen: »Was hätte Heinz in so einer Situation gemacht?« Es ist besser, irgendwie zu gedenken, als gar nicht. Doch die Angst vor Unbeholfenheit lässt einen lieber die Klappe halten. Bei dem Schrecken, den die Vorstellung von sechs Millionen ermordeten Juden auslöst, passiert dies noch häufiger. Angesichts der Dimension des Grauens findet niemand die richtigen Worte, und so sagt man lieber nichts dazu. Es ist aber besser, etwas zu sagen, auch wenn es unbeholfen ist. Viel besser als nichts.

Krieg bedeutet massenhaften Tod, deswegen wäre es gut vorher zu wissen, wann einer ausbricht, damit man rechtzeitig das Weite suchen kann, ein sicheres Versteck irgendwo auf diesem Planeten.

Freiheit günstig abzugeben

Dem Krieg der Bomben und Kanonen voran geht der Krieg der Worte. Hier trifft die Propaganda nicht nur auf Menschen, die sie erst noch gleichschalten muss, viele bringen auch Sehnsüchte mit, die von einem möglichen Krieg befriedigt werden. Es gibt leider eine ganze

Reihe von Gründen, warum auch einfache Menschen begeistert in den Krieg ziehen können, wer gegen wen, ist dabei fast egal. Ihren Hass zu entzünden ist für die Propaganda ein leichtes Spiel.

Im Gegensatz zu den Herrschenden, die als Kommandierende in sicheren Führungsquartieren sitzen, bringen sie sich damit selbst in große Gefahr. Die Dramatik einer Mobilmachung, die ausgerufene Schicksalsstunde der Nation oder einer anderen Gemeinschaft lässt es schwierig werden, abseits zu stehen. Und es gibt einen weiteren Grund, warum Menschen Lust auf Krieg haben können. Man ist dann endlich nicht mehr frei, nicht mehr allein mit der Last, die eigene Freiheit irgendwie mit Leben füllen zu müssen und seine freie Zeit selbst einzuteilen. Die von den Bauern 1525 und all den Menschen in den späteren Revolutionen für uns errungene Freiheit kann nämlich auch eine große Bürde für den Einzelnen sein.

Für die einen ist Freiheit eine unbedingte Voraussetzung für persönliches Glück. So war es bei Wilfried Erdmann, der als junger Mann aus der DDR floh und sogleich eine Radtour bis nach Indien unternahm. Er wäre ein ganz schlechter DDR-Bürger geworden, konnte man ihn doch sicher nicht mit ein paar Reisen in den Harz und an die Ostseeküste abspeisen. Vor allem, weil man bei Letzteren auch nicht segeln durfte. Erdmann umsegelte aber schon bald als erster Deutscher die ganze Welt, später noch mehrmals. Ihm und vielen ähnlich tickenden Menschen muss man nicht sagen, was man mit seiner Zeit anfangen kann, sie haben immer Ideen und Pläne. Aber sehr, sehr viele auch nicht. Es gibt, neben den Menschen, die unbedingt Freiheit zum Atmen benötigen, auch eine große Zahl von Menschen, denen ihre eigene Freiheit unbehaglich ist.

Angesichts der Bedeutung, der Freiheit in Gesetzestexten, Verfassungen, politischen Reden, Parteiprogrammen und in der öffentlichen Debatte zuteilwird, übersieht man oft, dass Freiheit für einen nicht unerheblichen Teil der Bevölkerung eine Last und kein Segen ist. Man sieht dies daran, mit welcher Inbrunst sich viele in die selbst gewählte Sklaverei begeben. Die Unfreiheit zu wählen, obwohl man frei ist, das mag eine besonders bizarre Art der Freiheit sein, doch das Spektrum dieser unfreien Leben ist weit gefächert. Für die einen beginnt nach der klar geregelten Schulzeit eine Phase der völligen Überforderung, mit ihrer Freiheit umzugehen, sie machen nichts wirklich engagiert, hängen eine Zeit lang ab, bis sie sich eine unfreie Struktur aussuchen, die ihrem Leben endlich wieder eine Richtung gibt. Das kann eine Ausbildung sein, in der man schon nach kurzer Zeit darüber flucht, wieso man so früh aufstehen muss.

Auf Kreuzfahrt- und Containerschiffen arbeiten die Menschen noch unfreier, da es dort keinen Feierabend gibt, an dem man von der Bildfläche verschwinden und nach Hause gehen kann. Man ist auch vom Vertrag her immer irgendwie im Dienst, muss eine endlose Anzahl von Vorschriften und Verboten beachten, aber auch das gibt dem eigenen Leben einen Halt, den einige in Freiheit nicht aufbringen können. Auch wenn Menschen bereit sind, hohe Raten in über Jahrzehnte laufenden Kreditverträgen abzuschließen, um eine Immobilie zu finanzieren, wird manchmal die Grenze zur Versklavung beherzt überschritten. Keine Frage, die Geschichte ist voll von Menschen, die unter Unfreiheit leiden und sich gegen sie zu Wehr gesetzt haben, aber bleiben wir noch einen Moment bei denen, die die Unfreiheit herbeisehnen. Oft begegnen wir diesem Phänomen auch in Beziehungen, in denen derjenige, der sich versklaven möchte, auf jemanden trifft, der einen Sklaven sucht. Wir kennen sie alle, die Beziehungen, in denen die eine Seite nach den Vorschriften der anderen lebt. Egal wo, das Tolle an der Sklaverei ist: Es wird einem gesagt, was man machen muss, und das befreit gewissermaßen von der Last, selbst darüber entscheiden zu müssen.

In der gesellschaftlichen Mobilmachung für einen Krieg wählen junge Menschen die Einladung zur Versklavung als Soldat und Kanonenfutter, weil sie auch gleichzeitig – und das ist besonders absurd – mit einem vermeintlichen Stück Freiheit gelockt werden. In den Kriegen der europäischen Geschichte war die Einberufung zum ersten Einsatz meist auch die erste Reise ins Ausland. Endlich nicht mehr im Dorf sein, sondern nach England fahren! Nach Paris! Und wer hält nicht gerne ein großes Gewehr mit den Händen, mit dem man einfach so rumballern kann? Krieg ist Abenteuer und eine Möglichkeit, von zu Hause auszureißen. Der Enge von Schule, Ausbildung und der ganzen Bescheidenheit der eigenen Existenz. Nun ist man Teil einer großen Bewegung. Alle, die bisher Macht über einen hatten, Lehrer, Direktoren, der Meister in der Werkstatt und die eigenen Eltern, haben nichts mehr zu melden. Gerade was die Bindung der jungen Generation zu ihren Eltern betrifft, gehörte es zum ideologischen Programm einer jeden Staatsmacht, die ganze Jahrgänge in Schlachten schicken wollte, dass versucht wird, Kinder und Jugendliche als Spione gegen die eigenen Eltern einzusetzen. Welcher Vater konnte schon etwas gegen Hitler sagen, wenn er am Frühstückstisch saß, wenn der Sohn schon die HJ-Uniform anhatte und gleich zu einer Wanderung aufbrechen würde? Welche Mutter traute sich etwas gegen Stalin zu sagen, wenn die eigene Tochter für den Kommunismus glühte? Nun konnten sie daheim auftrumpfen bei denen, die ihnen schnell sagten, sie hätten doch nur Flausen im Kopf. »Ihr habt doch keine Ahnung, ihr Alten, Ihr werdet schon sehen! Nun beginnt eine neue Zeit.« In der Sowjetunion wurde sogar ein Mädchen, das ihre eigenen Eltern verraten hatte, mit einem Preis geehrt. Von Maos Roten Garden ganz zu schweigen.

Aber wieso rennen immer wieder Massen begeistert in eine Schlacht, wo doch die Wahrscheinlichkeit, dass einem ein Geschoss den Bauch oder den Schädel zerreißt, so groß ist? Muss man das tödliche Experiment Krieg unbedingt ausprobieren, um zu verstehen, dass alles andere besser ist? Jitzchak Rabin, wahrlich reich an kriegerischen Erfahrungen, meinte: »Der Weg des Friedens ist dem Krieg vorzuziehen. Ich sage dies als jemand, der 27 Jahre lang ein Mann des Militärs war.« Helmut Schmidt nannte den Zweiten Weltkrieg »die große Scheiße«. Und auch wenn die beiden Staatsmänner sicher nicht die Ersten waren, die zu ähnlichen Einsichten gelangten, soll es in der Menschheitsgeschichte bisher angeblich 14 400 Kriege gegeben haben.

Krieg heißt vor allem Sterben. Sterben ist das Allerletzte, was man erleben will, das Ausmaß von Schmerz, Leid und Trauer, das Kriege hervorrufen, ist unermesslich. Es ist dokumentiert, dass Soldaten, die auf dem Schlachtfeld im Sterben lagen, nie nach dem Führer, Stalin oder welchem König auch immer riefen, keinen Schwur auf die Nation oder sonstige Heldensprüche riefen, sondern stets nach ihrer Mutter. »Mama, Mama«, ist der bittere und letzte Ruf, der nach dem Kampf zu hören ist. Als sei der ganze Krieg nur eine dumme Idee von noch dümmeren Jungen gewesen, die aus dem Ruder gelaufen ist, und nun, da es todernst wurde, die Mutter aufs Feld eilen und ihre Söhne da rausholen und vor den Konsequenzen behüten könne. Doch leider wird nicht erst seit Tom Cruises Heldentaten im Film »Top Gun« aus den Achtzigerjahren vergessen, was der Kern des Krieges ist: nicht Schießen, sondern Sterben.

Dies sah man auch im Oktober 2013 anlässlich der 200-Jahr-Gedenkfeier der Völkerschlacht bei Leipzig. Rund 6000 Laiendarsteller in Kostümen der an der Schlacht beteiligten russischen, preußischen, österreichischen und schwedischen Truppen sowie den französischen unter der Führung von Napoleon stellten die Schlacht nach und schossen ihre Platzpatronensalven ab. Unzählige Zuschauer waren angereist, um das Spektakel zu sehen: Schüsse, Explosionen, was für eine Mordsgaudi.

Dabei wurde nur der lustige Teil der Schlacht gezeigt, klar, wer schießt nicht gerne und lässt es knallen? Ich bin dabei! Doch es fehlten in der Darstellung die vielen Soldaten, die blutüberströmt zusammenbrachen. Weit über 100 000 Tote waren das Ergebnis der Schlacht. Dazu ließen die fliehenden französischen Truppen noch 23 000 Verwundete einfach zurück. In ganz Leipzig lagen Tote auf den Straßen, nicht nur im Kampf Gefallene, sondern auch Zivilisten, die der Typhusepidemie erlagen, die aufgrund haarsträubender hygienischer Bedingungen ausgebrochen war.

Deshalb wäre mein konstruktiver Vorschlag: Warum nicht bei den nächsten Feierlichkeiten zur Völkerschlacht rund die Hälfte der Darsteller mit Theaterblut verschmiert zusammenbrechen lassen? Vielleicht können Theatergruppen anstatt Uniformen Gliedmaßen nähen, Beine, Füße, Hände, Arme, die man ebenfalls in Theaterblut getaucht auf dem Feld verteilt? Dazu könnten sich alle, die Lust haben, als Typhustote schminken und bei einem Flashmob in der Leipziger Innenstadt röchelnd auf den Boden schmeißen. Wer diese Seite des Krieges nicht zeigt, macht sich meiner Meinung nach schuldig. Wer nur die schöne Seite des Krieges zeigt, Mut, Entschlossenheit, Kameradschaft, Kampf, Pferde, bunte Uniformen und beeindruckende Kanonen, fördert die Kriegsbegeisterung der nächsten Generation. Wir haben schon gelernt, dass vor allem junge Männer für den Krieg gebraucht werden, mitunter heute auch junge Frauen, deswegen ist es die wichtigste Aufgabe aller Älteren, sie zu warnen und alles dafür zu tun, dass sie nicht irgendwann ohne Beine auf einem Schlachtfeld nach ihrer Mutter schreien müssen, sondern dafür sorgen, dass sie schlau genug werden, rechtzeitig »Nein« zu sagen.

Und es endet ja nicht mit dem offiziellen Kriegsende. Was bedeutet der Krieg für alle, die das Glück haben, nicht sterben zu müssen? Sie sind trotzdem vom Tod betroffen, weil mit hoher Wahrscheinlichkeit Väter, Söhne und Brüder in der Schlacht oder Mütter, Töchter und Schwestern bei Bombenangriffen gestorben sind. Alle Lebenden teilen oft etwas, das auch typisch für Krieg ist: Sie sind nicht dort, wo sie sein wollten. Ob Soldaten, die eingezogen werden und in fremden Ländern aufmarschieren müssen, obwohl sie doch lieber zu Hause mit Freunden Bier am Rhein trinken würden. Ob Verletzte, die ganz sicher nicht weit von zu Hause im Spital liegen wollen. Ob Zivilisten, die aus ihren Dörfern und Städten fliehen mussten, weil sie zu unsicher waren. Ob Kriegsgefangene, die in den entlegensten Ecken interniert werden. Ob jene, die Mut fanden, sich den tödlichen Befehlen zu widersetzen, zu desertieren, und sich nun verstecken müssen. Am Ende des Zweiten Weltkriegs gab es in Europa mehrere Millionen sogenannte *displaced persons*, also Personen, die sich am falschen Platz befanden, vom Krieg vertrieben. Sie setzten sich, wo sie wieder frei waren, in Bewegung und machten sich auf den Weg in ihre (neue oder alte) Heimat, auf jeden Fall machten sie sich auf zu einem Ort, an dem sie sein wollten. Mir scheint dies eine wichtige Eigenschaft des Krieges zu sein: Millionen von Menschen zu zwingen, dort zu sein, wo sie gar nicht sein wollen. Ich glaube, die Welt wäre insgesamt glücklicher, wenn alle dort sein könnten, wo sie sein wollen. Vor diesem Hintergrund finde ich die Forderung der neuen CDU-Vorsitzenden Annegret Kramp-Karrenbauer idiotisch, die einen neuen Zwangsdienst für junge Erwachsene einführen möchte. Damit wird jungen Menschen unterstellt, sie wüssten selbst nicht am besten, wo sie hingehören. Doch was tun, wenn zu Hause die Lebensgrundlage in Gefahr ist?

Der Jakobsmuschelkrieg

Wie dünn die Schicht Frieden ist, die Europa über jahrhundertealte Konflikte ziehen konnte, sah man im Sommer 2017 im Ärmelkanal. Dort brach ein bizarrer Krieg aus. Es gibt die Theorie, dass es bei Kriegen immer um den Zugriff auf Ressourcen geht – ich teile diese Theorie nicht, aber in diesem Fall trifft es den Nagel auf den Kopf. Es ging nämlich darum, wer sich legal oder illegal die meisten Jakobsmuscheln unter den Nagel reißen konnte.

Französische Fischer echauffierten sich über britische Fischer, die sich dicht vor der französischen Küste über die Bestände hermachten, und das zu einer Zeit, in der die Franzosen sich an Schonzeiten halten mussten, die die Briten nicht akzeptierten. Kurzerhand trommelte man eine kleine Armada französischer Fischtrawler zusammen, die auf die Briten zuhielt und mit Vollgas ihren Rumpf in die Breitseite der britischen Schiffe rammte. Es flogen Leuchtraketen und Steine und sicher auch der ein oder andere verbale Gruß. Auch wenn der Konflikt bis hierher noch einen gewissen Unterhaltungswert hatte, spätestens als die Franzosen Unterstützung der Marine anforderten, um ihre Interessen durchzusetzen, und die britischen Fischer in London ebenfalls Unterstützung durch Kriegsschiffe forderten, zeigte sich, wie schnell eine längst begraben geglaubte Feindschaft wieder auferstehen kann.

Gerade Frankreich und England haben in ihrer langen Rivalität jeden denkbaren Krieg ausgetragen. Einige zählte man der Einfachheit halber zum Hundertjährigen Krieg zusammen (1337 bis 1453). Schon einige Zeit zuvor geriet England unter französischen Einfluss: Als Wilhelm der Eroberer 1066 den englischen Thron eroberte, sprach der neu installierte Adel in England Französisch. Später begann die Eroberung fast ganz Frankreichs durch die Engländer, König Heinrich V. unterwarf sie 1420. Ich finde solche Texte schrecklich, die nichts weiter sind als eine Aneinanderreihung von Namen und Schlachten. Karl der Stinkende griff die Marmunen bei Tonk an und verlor. Daraufhin bestieg der Marmunue Todis den Thron von Plotz. Doch im Jahr darauf erlitt er eine vernichtende Niederlage gegen Arthur den Stotterer in Bakoff. Es gibt Bücher, die über mehrere Hundert Seiten in diesem Stil fortfahren. Ein guter Grund, warum Kinder lernen, Geschichte zu hassen. Deshalb reduzieren wir den Hundertjährigen Krieg auf das, was er war: sinnlos, da am Ende alles so war wie vorher.

In der endlosen Auseinandersetzung schickten gleich mehrere Generationen von Herrschern nacheinander mehrere Generationen von Soldaten in sinnlose Schlachten. Tausende von französischen Rittern wurden von englischen Langbogenschützen von ihren Pferden gemäht. In dem hundertjährigen Hin und Her muss man schon aus der Menge der Feldherren herausstechen, und das gelang einer französischen Teenagerin. Sie schaffte es, sich an die Spitze eines Heeres zu setzen, dem es gelang, die Engländer aus Orléans zu vertreiben. Angeblich kämpfte sie mit einem Pfeil in der Schulter weiter und stachelte so ihre Soldaten zum Weiterkämpfen an. Am Ende befreite sie Orléans von den Engändern und ging als Johanna beziehungsweise als Jungfrau von Orléans – und für die Franzosen als Jeanne d'Arc – in die Geschichtsbücher ein. Ihr Versuch, auch Paris von den Engländern zu befreien, scheiterte. Sie geriet auf Umwegen in die Hände der Engländer, die ihr einen Hexenprozess mit allen üblichen absurden Vorwürfen machten. Da eine Frau kein Soldat sein konnte, hielt man ihr die von ihr in den Schlachten getöteten Feinde als Mord vor. Nach der Verhängung einer Gefängnisstrafe fiel den Engländern ein, dass es vielleicht doch besser sei, sie zu töten. Und so gab es eine Wiederaufnahme des Prozesses, in dem ihr als Beweis für ihre Verrücktheit vorgeworfen wurde, sie habe in ihrer Zelle Männerkleidung angezogen. Am Ende wurde sie 1431 bei lebendigem Leibe verbrannt. Indes, die Franzosen konnten weitere Gebiete zurückerobern, und 1453 hatten die Engländer bis auf Calais kein Bein mehr auf dem Kontinent.

Zum Glück bedurfte es für die Beilegung des Jacobsmuschelkriegs keiner hundert Jahre. Sind die Menschen also schon schlauer geworden? Der Friedensvertrag vom Fischkutter sieht vor, dass die englischen Fischer die französischen Schonzeiten der Jakobsmuschel respektieren und in dieser Zeit nicht zum Fang anrücken, dafür aber finanziell entschädigt werden. Das nennt man Scheckbuchdiplomatie. Wenn Sie mehr über gekauften Frieden erfahren möchten, empfehle ich Ihnen gerne mein Buch: »Von Krösus lernen, wie man den Goldesel melkt«. In ihm widme ich mich dem Phänomen, wie man mit Geld Frieden schafft.

Je mehr die Erinnerung an den letzten Krieg verblasst, desto größer wird die Kriegsgefahr. Vielleicht war es deshalb kein Zufall, dass die deutsche Regierung erstmals seit dem Zweiten Weltkrieg wieder Soldaten in einen Krieg schickte, nämlich dem auf dem Balkan gegen Serbien, als mit dem Kanzler Gerhard Schröder und seinem Außenminister Joschka Fischer auch zum ersten Mal Politiker Verantwortung trugen, die den Krieg nicht mehr aus eigener Erfahrung kannten. Das würde bedeuten: Je länger der Frieden, desto wahrscheinlicher ein neuer Krieg.

Und auch noch eine weitere Entwicklung mag mit dem Verblassen der Erinnerung zu tun haben. Als zuletzt immer weniger Menschen freiwillig bei der Bundeswehr arbeiten wollten, kam man zu der Einschätzung: Die Bundeswehr ist unattraktiv. Die Strategie: Sie muss attraktiver werden. Die Maßnahme: Die Junge Union schlug einen neuen Zwangsdienst vor für alle volljährigen Deutschen. Sie sollten bei der Bundeswehr oder im Zivildienst ihrem Land dienen. Schon wieder, dabei leben Männer im Schnitt eh schon sechs Jahre weniger als Frauen und wurden viele Jahrzehnte lang gezwungen, bis zu zwei Jahre ihres Lebens etwas zu machen, was die meisten gar nicht machen wollten. Freiheitsberaubung nennt man so was. Damit es diesmal »gerechter« zuging, sollten auch gleich die Frauen gezwungen werden. Sogleich brach eine Debatte über den Sinn und Unsinn eines neuen Zwangsdienstes aus. Eigentlich vernünftige Freunde von mir berichteten, wie der Zivildienst, zu dem sie gezwungen worden waren, auch etwas Positives in ihren Leben bewirkt hätte und dass sie viele wichtige Erfahrungen für ihr Leben hätten sammeln können. Hilfe für alte und kranke Menschen kennenlernen zum Beispiel, oder ganz allgemein, wie es ist, sich für einen guten Zweck zu engagieren. Kann ja sein, aber muss man deshalb einen ganzen Jahrgang einziehen und Hunderttausende von Lebensläufe mutwillig unterbrechen?

Dann braucht es nicht mehr viel, um diese Logik auf die Spitze zu treiben: Denn auch im Krieg können Menschen ihren Charakter im positiven Sinne entwickeln. Man lernt dort Askese, Teamgeist und vor allem die Liebe zu denen, die daheim bleiben und auf einen warten müssen, sehr zu schätzen. Wäre es deshalb klug, wieder einen Krieg anzufangen, um vielen jungen Menschen diese wichtigen Lektionen des Lebens nicht zu verwehren? Nein. Rekrutierungen sind der Weg zum Krieg. Es wäre das Beste, die Bundeswehr ganz aufzulösen, und die Sicherheit des Landes in die Hände anderer zu legen. Diese Chance hat man schon in den Fünfzigerjahren verpasst und bei der Wiedervereinigung auch. Dabei zeigt ein Blick auf die Truppe von heute, dass es nicht nur aus pazifistischer Sicht, sondern auch aus militärischer Sicht das Beste wäre, die Bundeswehr auch offiziell aufzulösen. Im September 2018 zündete die Bundeswehr in Meppen bei einer Übung versehentlich ein Moorgebiet an, und im Kreis Emsland wurde wegen Qualm und Flammen bald das erste Dorf unbewohnbar. Ja, ich weiß, das kann schon mal passieren. Wer ahnt denn, dass so ein bisschen Heidegras mitten im trockensten Sommer seit Jahrzehnten sofort Feuer fängt, wenn man da eine einzige Luft-Boden-Rakete ungelenkt reinfliegen lässt? Und dass die Bundeswehr dann zur Feuerbekämpfung nicht ein paar ihrer 180 000 aktiven Soldaten anrücken lässt, sondern lieber die Freiwillige Feuerwehr Meppen ruft, ist doch nur verantwortungsvoll, oder? Schließlich muss die Bundeswehr ihre Ressourcen schonen, denn allzu viel davon hat sie nicht mehr.

Zu diesem Ergebnis kommt auch der Bundeswehrbericht des Verteidigungsministeriums im Jahr 2018. Von neunzig Leopardpanzern waren nur dreißig einsatzbereit, von zwölf Fregatten konnten nur drei das Hafenbecken verlassen. Gewehre schossen nicht, wenn sie heiß wurden, Tornados konnten nicht starten, da die Armaturenbeleuchtung die Piloten zu stark blendete.

Nach dem Zweiten Weltkrieg gab es eine wichtige Erkenntnis: Von Deutschland solle nie wieder eine Bedrohung ausgehen. Das war und bleibt für immer richtig. Aber dass wir dieses Ziel nun mit einer Armee umsetzen, erscheint mir etwas umständlich.

Das ultimative Friedensrezept: Fraternisierung

Frieden ist nicht alles,
aber ohne Frieden ist alles nichts.
Willy Brandt

Ich habe zuletzt vor einem halben Jahr bei einem Kollegen beobachtet, wie dieses Friedensrezept erfolgreich anwendet wird. Er ist ein Comedian, der berufsmäßig andere zum Lachen bringt. In Berlin hatte er eine Frau kennengelernt, die machte, was viele in Berlin machen: chillen, tanzen, an der Spree abhängen und irgendwas studieren, wo man später mal guckt, was man damit anfangen kann. Auf jeden Fall haben sie jetzt geheiratet. So wie man das heute macht, auf dem Standesamt mit ein paar Freunden, die eh in Berlin wohnen, und die Eltern waren dabei, ihre kamen sogar extra aus der Türkei eingeflogen.

Als ich den Kollegen bei einer Show in Hannover traf,

erzählte er mir von der kleinen Hochzeit. Sie sei sehr schön gewesen. Ein wenig Tanzen, Essen, Chillen. An diesem Abend sagte er mir auch, er müsse nachts um zwei Uhr ein Flugzeug nach Ankara nehmen, denn es stehe noch der türkische Teil der Hochzeit aus. Obwohl auch dort inzwischen die Geburtenrate nur noch knapp über zwei Kindern pro Frau oder Mann liegt – also nicht mehr weit entfernt von westlichen Raten von unter zwei –, hatten sich aus der Zeit, als die Türken noch viele Nachkommen hatten, rund zweihundert Onkel und Tanten angesammelt, die man einfach nicht alle nach Berlin hatte einfliegen können.

Nehmen wir an, die beiden werden irgendwann Kinder bekommen, dann wird sich ihre gesamte Betrachtung der Beziehungen zwischen Deutschland oder auch der EU und der Türkei nur darauf fokussieren, wie frei sie sein werden als ein Paar, das beides ist, türkisch *und* deutsch. Ist es möglich, ohne Visum von der Türkei nach Deutschland zu reisen, wenn Familienmitglieder sie mal in Berlin besuchen wollen? Wie einfach ist es, ein Ferienhaus in der Türkei zu kaufen? Können die Kinder ohne Weiteres in Ankara studieren? Kann seine Frau, die noch einen türkischen Pass hat, in Berlin eine Firma gründen, oder er eine in der Türkei? Wir nehmen jetzt einfach mal an, dass ihre Familie muslimisch geprägt ist und seine evangelisch. Sie haben sich entschieden, dass dies für ihre Liebe kein Hindernis sein soll, und damit ein kleines Wunder bewirkt: Sie haben mit ihrer Liebe alles

Trennende von Religionen, Nationen und Traditionen überwunden, und von diesen Wundern müsste es noch viel mehr geben.

Das Friedensrezept, das diese Hochzeit für mich in sich birgt, lautet: Liebe deinen Feind – oder genauer gesagt, liebe den, von dem man dir erzählt, er sei dein Feind. Das christliche Zentraleuropa fürchtete sich lange vor den Türken, mehrmals standen sie vor Wien, es gab die Türkenkriege. Vom 15. bis zum 17. Jahrhundert war die Türkengefahr ein bekannter Begriff. Heute, mit rund drei Millionen türkischstämmigen Menschen in Deutschland, ist dieses »wir« und »die« stark abgeschwächt, besonders aufgrund von Familien wie der meines Kollegen und seiner Frau. Sie haben mehr für den Frieden zwischen Deutschen und Türken und damit zwischen Deutschland und der Türkei getan als jede Diskussionsrunde bei Anne Will.

Wie schnell sich das »wir« und »die« auf den Kopf stellen kann, erlebte ich in einer S-Bahn im Ruhrgebiet. Der Zug voller junger Männer mit dunkler Hautfarbe, die auf ihr Handy starrten. Ein Mädchen im Niqab, ebenfalls in ihr Handy vertieft. Eine Mutter, die versuchte, ihre drei Kinder in einer mir nicht bekannten Sprache zu beruhigen, eines im Kinderwagen, eines am Bein, eines an der Haltestange turnend. Und dann kam der Moment, in dem ich dachte: Diese Menschen sind mir fremd, ich verstehe ihre Kultur nicht. Und zwar, als in Bochum eine große Gruppe Fußballfans einstieg. Haupt-

sächlich Männer, die grölten, rumstolperten und be-
kloppte Lieder anstimmten, alle schon mittags besoffen,
glänzende Köpfe, leere Blicke – während die jungen Männer dunkler Hautfarbe und das Mädchen im Niqab noch
angestrengter auf ihre Handys starrten. Während die
Mutter ihren Sohn zu sich zog und wir alle versuchten,
so zu tun, als seien die grölenden Fußballfans nicht da.

Mein Friedensrezept der Verbrüderung hat bei den
Fußballfans leider nicht funktioniert, aber ich habe es
ehrlich gesagt auch nicht versucht. Bier am frühen Vor-
mittag bekommt mir nicht so gut. Da es im nüchternen
Zustand aber so gut funktioniert, sollte es gefördert
werden, und die EU macht das schon seit vielen Jahren
mit einem Austauschprogramm, das auf den Namen
Erasmus hört. Es fördert sexuelle Kontakte zwischen
ehemaligen Erbfeinden oder wie es offiziell heißt: Es ermöglicht Studierenden Aufenthalte an Universitäten in
anderen Ländern und soll zur Völkerverständigung bei-
tragen, und das klappt anscheinend ganz wunderbar.
Nach Untersuchungen der EU-Kommission finden siebenundzwanzig Prozent aller jungen Menschen, die mit
diesem Programm mindestens ein Jahr im Ausland studieren, dort einen Partner oder eine Partnerin. Seit 1987
sind eine Million Babys von diesen multinationalen Paa-
ren zur Welt gekommen.

Inzwischen gibt es dieses Austauschprogramm nicht
nur für Studierende, sondern auch für alle Ausbildungs-
berufe. Eine wichtige Weiterentwicklung, denn ein Grund

für die derzeitige Spaltung der Gesellschaft in Europa-Befürworterinnen und Nationalisten ist, dass Internationalität oft ein Privileg der besser Gebildeten ist. Die Bildungsbürgerschicht hat durch Reisen und Fremdsprachenkenntnisse Verbindungen zu anderen Ländern aufgebaut und steht der weiteren europäischen Einigung aufgeschlossener gegenüber als Arbeiter und Handwerkerinnen. Dabei ist es auch für eine Fliesenlegerin höchst interessant, die bei uns beliebten Toskanafliesen auch mal direkt in der Toskana zu verlegen, der Kaminkehrer soll ruhig mal auf Dächer in der Bretagne klettern oder lernen, wie Griechen ihre Kamine reinigen. Wenn er sich dabei in eine Italienerin, eine Französin oder in einen Griechen verliebt, sind wir dem Frieden wieder ein Stück näher gekommen. Nicht umsonst hat in der multikulturell geprägten Stadt London eine Mehrheit für den Verbleib in der EU gestimmt, während in den entlegenen Countys, also auf dem Land, eine Mehrheit für den Brexit war. Übrigens gab es auch in den englischen Countys eine Mehrheit für den Brexit, in denen 1992 der Rinderwahnsinn ausgebrochen ist.

Das alte Bonmot, nach dem die Welt ein Buch sei, und wer nicht reise, der kenne nur eine Seite, stimmt eben für alle, nicht nur für Akademiker. Im Zimmererhandwerk kennt man seit Jahrhunderten die Walz, auf die man geht, um Erfahrungen an fremden Orten zu sammeln. Warum gehen nicht auch IT-Leute auf die Walz? Nach bestandenem Studium oder erstem gescheitertem

Gründungsversuch könnten sie sich auf eine Wanderung durch Indien oder durchs Silicon Valley in Kalifornien begeben. Statt an Schlaghose und großem Hut könnte man die IT-Walz daran erkennen, dass ihre Teilnehmer beim Trampen mit einem Notebook winken. Zimmerleute, die sich auf die Walz begeben, müssen unter dreißig Jahre alt, ledig, schuldenfrei und kinderlos sein. Ob auch von ihnen siebenundzwanzig Prozent in der Ferne ihre Liebe kennenlernen?

Die Migration ist die Mutter aller Lösungen

Die meisten internationalen Familien sind durch Migrationsbewegungen entstanden. Vor diesem Hintergrund überraschte mich die törichte Bemerkung des ehemaligen bayrischen Ministerpräsidenten Horst Seehofer, die Migration sei die Mutter aller Probleme. Zur Zeit dieser Aussage lebten in Deutschland rund eine Million neue Flüchtlinge. Als historisch Interessierter dachte ich sogleich: Moment mal, das erzählt uns ein Bayer? Allein Bayern hatte am Ende des Zweiten Weltkriegs drei Millionen Flüchtlinge aufgenommen. In den Fünfzigerjahren war jeder dritte Einwohner dort ein Flüchtling. Meiner Meinung nach hat das langfristig den Sprung von der Lederhose zum Laptop erst möglich gemacht. Nationalisten würden sagen: Gut, aber das waren auch deutsche Flüchtlinge! Das stimmt, aber sie wurden damals genauso ablehnend empfangen wie heute Flüchtlinge aus Syrien oder Afghanistan. Und für manches Dorf in der Oberpfalz, in dem zu oft untereinander geheiratet worden war, waren die neuen Nachbarn aus Ostpreußen oder Schlesien die genetische Rettung. Und für viele katholische Gemeinden ist heute der neu hinzugezogene Pater Jonny aus Indien buchstäblich die letzte Rettung.

Katholische Grundstücke nur für Katholiken

Das von Nationen, Armeen und Herrschern jeder Art geschmiedete »wir« und »die«, das bei uns jahrhundertelang so übermächtig war, dass man bereit war, die anderen umzubringen, wird von einem Moment auf den anderen neutralisiert, wenn man einen von den anderen küsst. Dort, wo die Fraternisierung im größeren Stil stattfand, ist heute ein Krieg undenkbar. So zwischen Protestanten und Katholiken in Deutschland. Allerdings gibt es auch weiterhin die Spalter, die für ihr Weltbild aus vergangenen Jahrhunderten das »wir« und »die« weiterbefördern. Ich fiel aus allen Wolken, als mir bei einem Gastspiel in Norddeutschland die Veranstalterin erzählte, es sei für ihre Familie schwer, ein Baugrundstück für ein Haus zu bekommen. Denn es gäbe zwar genug Baugrundstücke, die katholische Kirche verkaufe Boden allerdings nur an katholische Familien. Entsetzt fragte ich sie, ob es weitere Gräben zwischen Katholiken und anderen Menschen im Dorf gäbe. Eigentlich, so sagte sie, waren die Unterschiede kaum mehr wahrnehmbar, bis es zu dieser mittelalterlichen Grundstücksvergabe kam. In den Köpfen der Dorfbewohner war eine neue Mauer errichtet worden, die der ähnelte, an die sich die Frau noch aus ihrer Grundschulzeit erinnerte. Sie reichte quer über den Schulhof und trennte katholische von protestantischen Kindern.

Liebe kennt keine Grenzen

Heute wird das Miteinander durch Erasmus gefördert. Doch auch in der früheren europäischen Geschichte gab es die Friedenspaare. Er Österreicher, sie Serbin, und beide erlebten das Jahr 1914. Sie jüdische Deutsche, er protestantischer Deutscher im Berlin des Jahres 1938. Er Protestant aus Belfast, sie Katholikin aus Derry 1975, oder er Katholik aus Münster, sie Protestantin aus dem Dorf nebenan 1950. Er schwuler Kurde aus Diyarbakır, er schwuler Türke aus Trabzon 1980. Schon als diese Länder, Ethnien oder Religionen gegeneinander Krieg führten, gab es sie, und deshalb war ihre Liebe immer verboten. Krieg funktioniert nämlich einfach nicht, wenn sich die Menschen mit dem Feind verbrüdern, denn dann ist er kein Feind mehr. Und ohne Feinde kein Krieg.

Mit diesen wunderbaren Liebesbeziehungen kann man, wenn genug Menschen mitmachen, einen Konflikt so schnell löschen wie einen Teppichbrand mit dem Feuerlöscher. Früher nannte man das Fraternisierung, nach dem französischen Wort für Brüderlichkeit, *fraternité*. Und die wurde unter Strafe gestellt, teilweise unter Todesstrafe. Doch sobald wir konkrete Menschen kennenlernen, bricht alles Unmenschliche zusammen. Denn dann stellt man unweigerlich fest: Die sind ja gar nicht so böse. Eben darum sollen wir die anderen auch nicht kennenlernen, wenn es nach den Kriegstreibern geht, denn das würde die Sinnlosigkeit des Kriegs entlarven.

Was geht, Bruder? Alles, wenn du Bruder zu mir sagst

Früher, als die EU noch nicht die eigene Lovestory in Barcelona finanziell unterstützte, als die Nationen noch Krieg gegeneinander führten, gab es trotz aller Gefahr auch Verbrüderungen unter Soldaten oder zwischen Soldaten und der Zivilbevölkerung. So bemerkten die französischen und deutschen Soldaten in den zermürbenden Stellungsgefechten des Ersten Weltkriegs, dass die anderen zur gleichen Zeit auch Suppe aßen und man riechen konnte, was sie gekocht hatten. Bald verständigte man sich mit dem Feind auf Pinkelpausen, während derer nicht geschossen wurde.

Der Gedanke, dass »wir« die Soldaten auf beiden Seiten waren, die nicht mehr in Ruhe schlafen, essen und pinkeln konnten und ihr Leben verlieren würden, während »die« feinen Herren in den Kaminzimmern der Hauptquartiere mit dem Leben der einfachen Soldaten Schach spielten, änderte die Wahrnehmung. Kurz vorher hatte es auch an der Ostfront eine Verbrüderung mit dem Feind gegeben, und wir können alte Fotos anschauen, auf denen russische mit deutschen Soldaten tanzen. So kann ein Krieg nicht funktionieren, zum Glück. »Ihr sollt die Russen erschießen, nicht mit ihnen tanzen!«, mögen die Offiziere und Generäle gebrüllt haben. Für den Fall, dass der Feind nicht dafür taugte, den eigenen Soldaten Angst einzujagen, galt die Devise: »Der Soldat muss vor seinem eigenen Offizier immer mehr Angst haben als vor dem Feind.«

Es ist wichtig, die anderen nicht zu kennen, damit ausgrenzende Gedanken in unserem Kopf funktionieren. Was bedeutete »wir und die« für eine deutsche Rheinländerin, die in der Besatzungszeit nach dem Ersten Weltkrieg ein Kind mit einem schwarzen Besatzungssoldaten aus Frankreich bekam? Für die deutsche Regierung war es ein Rheinlandbastard, aber für die beiden Eltern ihr geliebtes Kind. Als Deutschland im Zweiten Weltkrieg im besetzten Frankreich Soldaten stationierte, kamen dort bis 1942 rund dreißigtausend Kinder zur Welt, die eine französische Mutter und einen deutschen Vater hatten. Das NS-Regime sperrte sich gegen die Legalisierung dieser Familien. Zum Ausgleich organisierten die Nazis ein ganzes Netz von Bordellen, um einvernehmliche Beziehungen zwischen Soldaten und einheimischen Frauen zu verhindern.

Bei allem, was Menschen trennt und trennen soll, für Konflikte, Grenzen und Kriege bedarf es einer genauen Definition von uns und den anderen, aber wir können es schaffen, dass diese Definitionen nicht mehr funktionieren. Wir müssen uns schneller mit dem vermeintlichen Feind verbrüdern, als es andere schaffen, Gräben auszuheben und uns zu erzählen, wie die auf der anderen Seite des Grabens angeblich sind. Vor diesem Hintergrund sollte bei den aktuellen Bedrohungsszenarien oder den Kulturen, die uns als Einzelnen fremd erscheinen, die Frage sein: Wer ist meine Freundin in Israel, wer mein Freund in Gaza-Stadt? Eine Facebook-Freundschaft, die eine neue Art der Brieffreundschaft sein könnte, ist schon mal ein Anfang. Wie Ihre beiden neuen Freunde die Ereignisse vor Ort bewerten, die es bei uns bis in die *Tagesschau* geschafft haben, wird Ihnen komplett die Augen öffnen, dazu erfahren Sie viel über ihren Alltag, der noch viel wichtiger fürs Leben ist und als Thema nicht in den Medien vorkommt. Ist es wirklich unmöglich, jemanden in Nordkorea kennenzulernen? Viele bei uns verstehen auch das aktuelle Amerika nicht, etwa wie die Menschen aus dem sogenannten Rustbelt, dem Rostgürtel, rund um die Ruinen untergegangener Industrieanlagen leben. Da sie in großer Zahl für Trump gestimmt haben und wir seitdem »die« Amerikaner nicht mehr verstehen, schadet es auch nicht, dort jemanden kennenzulernen, hinzureisen oder dem Bürgermeister der eigenen Stadt eine Städtepartnerschaft mit zum Beispiel Cleveland vorzuschlagen. Denn die Schrulligkeit der meisten Leute, ihr Rassismus und ihr Nationalismus sind oft nur ein Rückzugsgefecht von Abgehängten. Wen wir treffen, können wir auch retten, ihn wieder rüberziehen auf die gute Seite derer, die in der Welt mehr Möglichkeiten als Unmöglichkeiten sehen. Nehmen wir sie mit auf die Studentenparty, auf Konzerte, und hören wir ihnen vor allem zu. Denn die meisten Menschen erzählen eine wahre Geschichte, es ist nur nie die ganze Geschichte.

In einem Großteil der Länder auf diesem Planeten können wir über die Zimmervermittlung Airbnb privat bei Leuten wohnen, die einem oft ihre Stadt und ihr Land erklären. Niemand hindert uns am Reisen, und wer dabei sein Herz verschenkt, hat viel für den Frieden getan. Dann reduzieren sich die Unterschiede endlich auf das, was gerne für immer unterschiedlich bleiben darf, etwa die Rezepte für gutes Essen, die in jedem Landstrich anders sind.

Für alle, die gerne kochen und backen, habe ich das Friedensrezept noch einmal zusammengefasst. Da es in Europa so gut geklappt hat, kann es gerne auch in anderen Teilen der Welt gebacken werden:

Kleines Rezept für den Frieden
(zum Selberbacken)

Schritt 1: Man gebe die rund 7,6 Milliarden Menschen von der Erde in ein Sieb und streiche sie vorsichtig durch das Sieb in eine große Schüssel. Zu große Sorgen und Nöte verbleiben im Sieb.

Schritt 2: Dann halte man einen starken Magneten an die Erde, auf dass alle Panzer, Gewehre und andere Waffen an ihm haften bleiben. Anschließend den Magneten samt Anhang rückstandslos entsorgen.

Schritt 3: Nun die Menschen in der Schüssel vorsichtig und gründlich unterheben, auf dass alles Trennende, alle Religionen, Nationen und Geschlechter durcheinandergeraten. Dann einen Schuss Geborgenheit und Zuversicht hinzugeben, abermals gut verrühren und eine Stunde ruhen lassen. Anschließend die Menschen wieder auf dem Globus verteilen.

Schritt 4: Schließlich gebe man noch eine Prise Kultur und Humor über sie und schmecke das Ganze mit ein paar kräftigen Umdrehungen aus der Büchermühle ab.

Schritt 5: Und zum Schluss einen großen Schluck aus der Pulle mit dem Glück.

Peace – wie in Nordirland der Frieden gelang

Ein Fremder ist nur ein Freund,
den man noch nicht kennt.
Irisches Sprichwort

Für ein Kochbuch mit Friedensrezepten müssen wir unbedingt nach Nordirland schauen, denn auch dort ist in Europa das schier Unmögliche möglich geworden: Frieden zwischen zwei ewig lang verfeindeten Lagern.

Zuvor verloren 3600 Menschen ihr Leben in einem der sinnlosesten Bürgerkriege aller Zeiten, dazu zählte man 50 000 Verletzte in einem Land, kleiner als Schleswig-Holstein. Die Gewalt hielt dreißig Jahre an, bis 1998 mit dem Karfreitagsabkommen ein im Großen und Ganzen friedlicher Zustand in Nordirland hergestellt wurde – wie konnte das gelingen? Vordergründig sah der Nordirlandkonflikt immer nach einem Streit zwischen Katholiken und Protestanten aus, der uns besonders bizarr erschien, da die Glaubenskriege in Deutschland schon kurz nach Luthers Auftritt im 16. Jahrhundert begannen. Mit dem Dreißigjährigen Krieg war die ganze Sache zwar gefühlt endlos und tatsächlich verheerend, aber selbst dieser schier ewige Krieg wurde 1648 mit dem Westfälischen Frieden beendet. Sollte das Feuer dieses steinalten Religionskrieges in Nordirland bis in die Gegenwart weitergeglommen haben? Nun, dort kamen noch einige weitere Umstände hinzu, die den konfessionellen Unterschied dramatisch verschärften.

Hier die Kurzfassung des jahrhundertealten Kampfes katholischer Iren gegen britische Protestanten: England war groß und mächtig, Irland war es nie. Es gibt keine einzige irische Kolonie auf der Welt, dafür wurde Irland selbst zur Kolonie von England. Erst als der englische König Heinrich VIII. kurzerhand den Austritt aus der katholischen Kirche beschloss, als ihm Rom im vergeblichen Versuch, einen Thronfolger mit verschiedenen Ehefrauen zu zeugen, nicht folgen wollte, kam es zu dem Gegensatz: England = protestantisch oder anglikanisch, wie sich die britische Kirche nennt, und: Irland = katholisch. Denn die Iren blieben es. Da sind sie einfach zäh wie die Polen, von denen nach vierzig Jahren gottlosem Sozialismus immer noch fast 90 Prozent katholisch sind.

Ein weiterer Gegensatz, der bis heute in Nordirland besteht, wenn auch nicht so stark wie früher, ist, dass man als Engländer für gewöhnlich reich war und als Ire arm. Das irische Land gehörte englischen Grundbesitzern, Iren waren nur Pächter und mussten eine hohe Pacht bezahlen, auch in der großen Hungersnot in der Mitte des 19. Jahrhunderts. Zu einer Zeit, da Großbritannien auf dem Zenit seines Weltimperiums stand und in New York schon die ersten Wolkenkratzer gebaut wurden, starben in Irland bei einer mehrjährigen Kartoffelfäule über 1,5 Millionen Menschen vor Hunger und dessen Folgen. Wegen der brutalen Art, mit der die Briten während der gesamten Dauer dieser Katastrophe Lebensmittel aus Irland importierten und verarmten Bauern, die ihre Pacht nicht bezahlen konnten, einfach die Häuser abbrannten, gibt es auch den schweren Vorwurf eines Genozids durch die Briten an den Iren.

1922 schafften es die Iren endlich, unabhängig zu werden mit einem Irischen Freistaat. Mit einem kleinen Haken: Ein Sechstel der Insel blieb als Nordirland Teil des Vereinigten Königreichs. Hier im Norden hatten schon länger Engländer gesiedelt, dazu Schotten, nur hier gab es auf der irischen Insel Industrie. Seitdem war man dort entweder protestantisch, reich und für den Verbleib Nordirlands im Vereinigten Königreich oder katholisch, arm und für die Vereinigung Nordirlands mit der irischen Republik, die 1937 aus dem Freistaat hervorging. Deswegen hieß die Terrororganisation, die die Vereinigung herbeibomben wollte, Irische Republikanische Armee, bekannter unter ihrem Kürzel IRA. Doch Ende der Neunzigerjahre erklärte diese IRA einen

Waffenstillstand, müde von den jahrzehntelangen Bombenanschlägen, die nichts gebracht hatten außer Tote und Trauernde.

Der deprimierende Weg zum Frieden: So lange kämpfen, bis alle des Kampfes müde sind

Müde vom Krieg zu sein, das ist bis heute eines der stärksten Motive, Frieden zu schließen, und zugleich das deprimierendste. Doch immerhin konnte so 1998 das Karfreitagsabkommen beschlossen werden, das bis heute die Grundlage des Friedens in Nordirland ist. Tony Blair kam nach Nordirland, Bill Clinton auch. Die Friedensformel dieses Abkommens lautet: Die IRA gibt den bewaffneten Kampf auf, dafür bekommt Nordirland ein eigenes Parlament und wird nicht mehr direkt aus London regiert. In diesem Parlament sind Protestanten, aber auch Katholiken vertreten. Dafür verzichtet die Republik Irland auf die Wiedervereinigung mit Nordirland als Verfassungsziel. Das Problem: Seit die IRA einen Waffenstillstand verkündet hatte, bombte eine neue Splittergruppe weiter, die »Real IRA«, für die sich die echt harten, verbohrten Typen versammelt hatten, die des Krieges doch noch nicht müde waren. Eine hirnverbrannte Truppe, die anscheinend nicht mitbekommen hatte, was allein die letzten dreißig Jahre lang an Leid zusammengekommen war. Denn neben öffentlichkeitswirksamen Bombenattentaten hatte die IRA zahlreiche Menschen verschwinden lassen, vor allem aus dem eigenen Lager, und umgebracht. Die Leichen ließ man in irischen Mooren verschwinden, darunter eine Mutter von zehn Kindern, die schon Witwe war. Sie wurde beschuldigt, mit den Briten kooperiert zu haben, und daraufhin entführt. Wie sollte eine Mutter von zehn Kindern dafür überhaupt noch Zeit gehabt haben? Auf jeden Fall trauerten zehn Vollwaisen um ihre Mutter. Zwischen 1972 und 1976 gab es auf diese Weise pro Jahr mehr als 200 Tote, dabei hatte ganz Nordirland weniger Einwohner als Hamburg, etwa 1,5 Millionen.

Die Real IRA wollte den bewaffneten Kampf auch nach dem Karfreitagsabkommen weiterführen. Markenzeichen ihrer Bombenanschläge waren Warnhinweise per Telefon, sodass die Menschen vom Ort der Detonation entfernt werden konnten. »Seht, wir sind gute Terroristen«, sollte die Botschaft sein, »wir zeigen unsere Macht, aber wir wollen die Menschen schonen.« Doch das ging am 15. August 1998 ganz entsetzlich schief. Zwar trafen gleich drei Warnanrufe in der nordirischen Stadt Omagh ein, doch die Warnungen führten in die Irre. Die Angaben, die Unbekannte in Telefonzellen auf dem Land machten, waren nicht präzise. Es würde eine Bombe in der Main Street, also der Hauptstraße, hochgehen, »in einer halben Stunde«, hieß es, und zwar unweit des Gerichtsgebäudes. Das Problem: In Omagh gab es keine Main Street. Die Verantwortlichen in Omagh dachten, es könne nur die High Street gemeint sein, da diese die eigentliche Hauptstraße der Stadt ist. Deswegen ließ die Polizei alle Passanten in Windeseile in die Market Street treiben, wo sich die Menschen sammelten, bis genau in dieser Straße inmitten der Menschenmenge ein Pkw explodierte. 29 Tote blieben in der Market Street liegen, sechs Männer, zwölf Frauen, neun Kinder und zwei Babys. Da eine der Toten mit Zwillingen schwanger war, zählen die Menschen in Omagh auch 31 Opfer. Die Mutter der ungeborenen Zwillinge war mit ihrem Sohn und seiner Oma unterwegs, sodass in ihrer Familie an diesem Nachmittag gleich drei Generationen starben. 227 Kilo Sprengstoff waren in dem Auto detoniert.

Es war der erste Anschlag, der durch Sinn Féin, dem inzwischen legalen Arm der alten IRA, verurteilt wurde. Die Mitglieder der Real IRA schämten sich entsetzlich. Drei Tage ließen sie nichts von sich hören, dann bedauerten sie ihren eigenen Anschlag und erklärten das Ende des Terrors. Jetzt wollten auch sie den Friedensprozess unterstützen. Muss Frieden mit Krieg erkauft werden? Glück mit Unglück? So kann es nicht weitergehen. »So darf es nicht weitergehen« war schon öfter das Motiv für Frieden.

2018 jährte sich das Karfreitagsabkommen zum zwanzigsten Mal. Doch angesichts des Brexits ist dieser Frieden in neuer Gefahr, denn der Brexit ist ein neuer Graben an einer Stelle, an der man glaubte, man habe ihn inzwischen überwunden. Der Verkehr von Irland nach Nordirland, also nach Großbritannien, ist völlig frei, ohne Schlagbaum und Kontrollposten. Die Unternehmen in Nordirland sind eng verflochten mit Lieferanten und Kunden in der irischen Republik und umgekehrt, genauso lautete der friedliche Fortschritt in der EU, in deren Binnenmarkt Waren, Menschen und Dienstleistungen frei sind. Doch nun wird bald ein Sechstel der irischen Insel nicht mehr in der EU sein, weil dann die Außengrenze der EU zwischen Nordirland und der Republik Irland verlaufen würde. Vielleicht wird der alte Konflikt ganz einfach wieder aufgewärmt, denn die wichtigste Friedensformel, die es meiner Meinung nach gibt, wurde im Karfreitagsabkommen vergessen: die Fraternisierung mit dem vermeintlichen Feind.

Die gesamten zwanzig fast friedlichen Jahre sind die beiden Bevölkerungsteile nicht zusammengewachsen. Kinder in Nordirland werden bis heute zum größten Teil nach Katholiken und Protestanten getrennt unterrichtet. Es gibt nicht genug interkonfessionelle Schulen. Das war wirklich ein gravierender Fehler. Wie konnte man das in Brüssel übersehen? Ich habe nichts dagegen, wenn sich dort jemand darüber Gedanken macht, ob offene Ölkännchen an den Tischen der Restaurants zwischen Lissabon und Tallin unhygienisch sind und deshalb reguliert werden müssen, aber die Mischung der Bevölkerung hätte absolute Priorität haben müssen, sprich: die Förderung von interkonfessionellen Kindergärten, Schulen und Betrieben. Erst dann hätte es mehr Paare gegeben, die sich getraut hätten, sich über den Graben der Hunderte Jahre alten Gewalt hinweg ineinander zu verlieben. Das hat doch woanders auch geklappt. Zwischen Katholiken und Protestanten in Deutschland, zwischen den Erbfeinden Frankreich und Deutschland, diese Familien bringen so viel Frieden, dass man sie hätte intensiv fördern müssen.

Aber auch die Aufstiegschancen von Katholiken blieben begrenzt, und so ist es wie mit vielen arabischstämmigen Einwanderern in Frankreich: Wenn sie keine Chance haben, am Arbeitsmarkt erfolgreich zu sein, bleibt nur der Weg in die Kriminalität und den Extremismus. Nur die Polizei wurde paritätisch mit Katholiken und Protestanten besetzt. Vielleicht sind dort neue Freundschaften entstanden. Vielleicht schüttelt man bei der interkonfessionellen Polizei in Nordirland den Kopf darüber, dass es immer noch Krankenhäuser für Katholiken und solche für Protestanten gibt. Selbst die Wohnviertel in Belfast sind zum Teil mit extrem hohen Mauern getrennt. Wieso ist es nicht gelungen, diese in den zwanzig Jahren Frieden abzubauen? Es bedarf einer großen Portion Fantasie, um glauben zu können, dass die Familien in den Reihenhäusern vor und hinter Mauer etwas unterscheidet. Gerade die uniforme Gleichheit ihrer Häuser verrät es. In jedem dieser Häuser, ob nun von einer katholischen oder protestantischen Familie bewohnt, wird gekocht, geschlafen, geliebt und gestritten. Alle mähen ihren Rasen, und alle kaufen im nahen Supermarkt ein. Im Rahmen der Brexit-Debatte hatte die ehemalige irische Präsidentin Mary McAleese daran erinnert, dass das Karfreitagsabkommen eine Vereinigung Nordirlands mit der Republik Irland erlaubt, wenn diese in einem Referendum von der Mehrheit der Nordiren gewünscht wird. Ich bin ja der Meinung, dass es für so gravierende Änderungen wie dem Verlassen eines Staates oder eines Staatenbundes mehr als eine einfache Mehrheit geben müsste. Die Ergebnisse bei der Brexit-Abstimmung waren so knapp, dass es vielleicht an der einen Stimme eines Kioskbesitzers aus Southampton gelegen haben könnte, dass Großbritannien die EU verlässt.

Inzwischen gibt es nur noch 54 Prozent Protestanten in Nordirland und schon 43 Prozent Katholiken, die nach wie vor mehr Kinder bekommen. Übrigens sinkt die Geburtenrate immer dort, wo die Menschen mehr Geld verdienen, Armut lässt die Geburtenrate steigen. Insofern war es auch für die privilegierten Protestanten ein dummer Fehler, nicht mehr für den Wohlstand der Katholiken getan zu haben. Wenn sich dieser demografische Trend fortsetzt, wird es bald mehr Katholiken in Nordirland geben als Protestanten.

Als Großbritannien inklusive Nordirland und die Republik Irland zuletzt gemeinsam Mitglieder in der Europäischen Union waren, gab es keine feste Grenze mehr zwischen Irland und Nordirland, an vielen Straßen konnte man den Grenzverlauf nicht mal mit der Lupe finden. Bei der Brexit-Entscheidung stimmten 58 Prozent der Menschen in Nordirland für den Verbleib in der EU – ein deutliches Ergebnis, das zeigt, dass es nicht nur Katholiken, sondern auch Protestanten besser finden als früher. Doch dieser Frieden ist jetzt in Gefahr. Nur die Kraft der Europäischen Union hat es geschafft, in diesem Teil Europas für Frieden zu sorgen und die Grenze zwischen Irland und Nordirland wegzuzaubern. Es ist kein Zufall, dass genau jetzt, wo Großbritannien aus der EU austreten will, diese Errungenschaften auf dem Spiel stehen. Denn es gibt beim Brexit eine Zwickmühle, aus der bisher noch niemand einen Ausweg gefunden hat: Wenn Großbritannien aus dem Binnenmarkt austritt, wird es wieder Kontrollen geben, und zwar genau an der heute befriedeten Grenze zwischen Nordirland und Irland. Das wollen weder Katholiken noch Protestantinnen im nördlichsten Zipfel der irischen Insel. Aber wo sollte diese neue Grenze zwischen EU und Nicht-EU sonst verlaufen? In der irischen See? Angesichts der unsicheren Zukunft melden viele Unternehmen, die bisher ihre Europazentralen in London hatten, diese auf das europäische Festland um, zum Beispiel in die Niederlande, die es gut verstehen, dem Geld einen roten Teppich auszurollen. Durch all diese Verwerfungen ist der Frieden in Nordirland in Gefahr.

Zwanzig Jahre war es größtenteils friedlich geblieben, vor allem, wenn man an das endlose Blutvergießen davor denkt. Doch Anfang 2019 ist etwas passiert, was lange niemand mehr für möglich gehalten hätte. In der nordirischen Stadt Derry ist eine Autobombe explodiert. Da uns in kurzen Abständen in den Nachrichten von Bombenattentaten in Pakistan, Afghanistan und anderswo berichtet wird, ging die Bombe in der EU schnell in den Meldungen unter, denn es war niemand verletzt worden. Doch nachdem wir uns jetzt so eingehend mit dem Nordirlandkonflikt beschäftigt haben, müssen alle Warnlampen angehen. Es darf keine Reise zurück in den bewaffneten Konflikt geben. Es ist allerhöchste Zeit, die Friedensrezepte in Nordirland anzuwenden, deren Wirkung wir schon erkannt haben: Massive Förderung von interkonfessionellen Kindergärten und Schulen, Abbau der Mauern in Wohnvierteln, keine feste Grenze zwischen Nordirland und der Republik Irland, eine Sonderwirtschaftszone Nordirland mit halbierten Unternehmenssteuern, auf dass dort der Wohlstand endlich für alle so steigt, dass niemand mehr auf dumme Gedanken kommt. Und noch eine Idee, die mir Romantiker ganz besonders gefällt: Die EU spendiert ein Eigenheim mit Garten für jeden Katholiken, der eine Protestantin heiratet und umgekehrt. Sie finden das zu teuer? Wenn Europa in der Lage ist, mehrere Jahre für 60 bis 80 Milliarden Euro Staatsanleihen zu kaufen, dann ist dieser Friede noch ein Schnäppchen.

Ganz allein Europa retten: Georg Elser

Einer musste es ja tun.

Georg Elser

Auf der Suche nach den Friedensrezepten, die in Europa schon geklappt haben, sollten wir auch einen Versuch würdigen, der nur fast geklappt hat. Er ist so faszinierend, weil er die Anstrengung eines einzelnen Menschen war, der ganz allein probierte, den Frieden zu retten. Wir haben schon in der Einleitung gesehen, wie es einzelne Menschen geschafft haben, den Weltfrieden zu retten, indem sie nichts taten. Zum Beispiel keine Knöpfe für Atomraketen drückten. Auch ein 41-jähriger Berliner riskierte viel, als er in den Raum stürmte, an dem Hitler an einem Tisch saß, zwei Wachmänner zur Seite stieß und dabei brüllte: »Nie wieder Krieg! Nie wieder Faschismus! Tod dem Führer!« Dann riss er dem Diktator einfach den Kopf ab und schmiss ihn auf den Boden.

Was für eine Sensation! Der millionenfache Mörder und Brandstifter saß enthauptet da, unfähig, je wieder aufzustehen und etwas Böses zu tun.

Der Zweite Weltkrieg und die Verfolgung der Juden hätten nicht stattfinden können, wäre der Anschlag siebzig Jahre früher erfolgt und nicht erst im Jahr 2008. Dabei war auch die neue Hitlerfigur im Berliner Wachsfigurenkabinett von Madame Tussauds gut bewacht. Der Attentäter wurde verhaftet, und der Staatsschutz ermittelte. Ich wusste gar nicht, dass Hitler 2008 noch zum Staat gehörte, aber am Ende einigte man sich auf Sachbeschädigung.

Es gab insgesamt 42 Versuche, Hitler mit einem Attentat zu stoppen, und erst der verspätete 43., der nur ein symbolischer war, gelang. Er kam eine traurige Ewigkeit zu spät, und es ist frappierend, wie oft die Deutschen, die doch als so pünktlich gelten, zu spät sind. Auch die neue Schnellfahrstrecke für ICEs, die 2017 die Bahnreise zwischen München und Berlin auf knapp über vier Stunden verkürzte, kam rund 78 Jahre zu spät. Als Hitler am 8. November 1939 nur knapp einem Bombenanschlag im Bürgerbräukeller in München entging, musste er einen Zug nach Berlin nehmen, und damals dauerte die Fahrt noch fast neun Stunden. Nebel verhinderte den Rückflug in die Hauptstadt, in der er Zweifel und Widerspruch von Generälen gegen seine weiteren Kriegspläne beseitigen wollte.

Das Wetter, dies sei nebenbei gesagt, war auffallend

oft auf der Seite der Bösen, so auch beim D-Day in der Normandie, als Sturm die Invasion immer weiter verzögerte und schließlich noch vielen alliierten Soldaten das Leben kostete, bevor sie überhaupt den Kontinent erreichten.

Der Diktator plante die Rückreise zwar im Sonderzug, doch dieser hatte mit 21:31 Uhr eine genaue Abfahrtszeit, da er in den normalen Fahrplan eingefügt wurde. Dies allein war der Grund, warum er eine verkürzte Rede vor den betrunkenen Mitgliedern der frühen NS-Bewegung hielt und, dreizehn Minuten bevor die Bombe detonierte, den Saal verließ.

Gebaut hatte die Bombe Georg Elser. Von ihm können wir viel lernen. Er hat zum einen ganz allein etwas hinbekommen, was die Adeligen rund um Stauffenberg mit einem Netzwerk von Dutzenden Verschwörern nicht hinbekamen: eine Bombe zu bauen, die auch richtig funktioniert. Dreißig Mal hatte er im Bürgerbräukeller zunächst etwas gegessen, sich dann versteckt und einschließen lassen, um in nächtelanger Arbeit eine Säule, die bei der Rede des Diktators weniger als zwei Meter hinter ihm befindlich gewesen wäre, auszuhöhlen. Er hatte als Schreiner das nötige Wissen, die Holzverkleidung der Säule zu einer Geheimtür umzubauen, die er für die Aushöhlung schnell öffnen und unauffällig wieder verschließen konnte. Den Schutt entsorgte er tagsüber, wenn im Bürgerbräukeller viel Betrieb war.

Sein Zündmechanismus umfasste zwei Uhren, die –

falls eine versagen sollte – unabhängig voneinander den Sprengsatz aktivieren konnten. Sie ließen sich schon Tage vor dem anvisierten 8. November scharfmachen, sodass Elser selbst an diesem Tag schon in Richtung Schweiz abreisen konnte. Trotzdem detonierten sie exakt zur eingestellten Zeit, um 21:20 Uhr. In den Jahren zuvor hatte Hitler zu dieser Zeit noch gesprochen. Elser hatte mit dem Zeitpunkt genau die Mitte von Hitlers üblicher Redezeit angepeilt. Der Diktator geiferte an diesem Abend viel gegen England, weil das Vereinigte Königreich nach dem Angriff auf Polen dem Deutschen Reich den Krieg erklärt hatte, aber er geiferte eben kürzer als üblich.

Wäre an diesem Abend alles so gelaufen wie sonst, dann wäre alles ganz anders gekommen. Und wir wollen es uns kurz vorstellen: Um 21:20 Uhr hätte die Sprengung den Diktator bis zur Unkenntlichkeit zerfetzt, dazu den stellvertretenden NSDAP-Vorsitzenden Rudolf Heß, den Reichsminister des Inneren, Wilhelm Frick, und Propagandaminister Joseph Goebbels. Da die Hitlerrede live im Radio übertragen wurde, hätten die Volksempfänger den Knall in Echtzeit in die Stuben gespielt, und allen wäre sofort klar geworden, nun ist es vorbei.

Es kam, wie wir wissen, anders. Da die NS-Führungsriege nicht mehr anwesend war, starben sieben einfache NSDAP-Mitglieder und eine Kellnerin. Georg Elser war zu dieser Stunde schon vom Zollgrenzschutz noch vor der Schweiz festgehalten worden, weil er probiert hatte, die grüne Grenze zu überqueren. Erst als die Grenzer im Radio von den Ereignissen im Bürgerbräukeller hörten, ergaben die Dinge, die sie in Elsers Rucksack gefunden hatten, einen Sinn. Sie fanden technische Gerätschaften, unter anderem Teile eines Zünders, und eine Postkarte aus ebenjenem Bürgerbräukeller.

Was niemand glauben konnte und selbst lange nach dem Krieg nicht glaubhaft schien, ist, dass dieser größte und gefährlichste Anschlag auf Hitler von einem einfachen Handwerker alleine vorbereitet worden war. Die NS-Führung glaubte an eine Aktion der Briten und blieb bei dieser Version auch noch, als sich bei den Verhören und der Folter von Elser herausstellte, dass er die Bombe wirklich selbst gebaut hatte. Er konnte seinen Peinigern die komplette Konstruktion erläutern und ein Modell nachbauen. Dazu lieferte er den Beweis, dass auch ein einzelner Mensch den verbrecherischen Charakter des Hitler-Regimes erkennen und gegen es vorgehen konnte. Diese Erkenntnis wog noch nach dem Kriege schwer, als sich Millionen darauf beriefen, dass man doch nichts gewusst habe.

Dabei hatte Elser schon während seines Verhörs den Reichskriminaldirektor Arthur Nebe so nachhaltig beeindruckt, dass dieser ihn noch später zitierte: »Dieser Mann aus dem Volke liebte das einfache Volk. Er legte mir leidenschaftlich und in simplen Sätzen dar, Krieg bedeute für die Massen aller Länder Hunger, Elend und millionenfachen Tod. Er dachte: Hitler ist der Krieg, und wenn dieser Mann weg ist, dann gibt es Frieden ...«

Der Tyrannenmord bringt alle Pazifistinnen in moralische Bedrängnis. Sicher hätte Hitler keinen Krieg führen können, wenn die Mehrzahl der Deutschen ganz friedlich gesagt hätte: »Ohne uns. Mach's doch alleine, du Gnom!« Doch auch jenseits des Bombenbaus können wir viel von Elser lernen. Ohne die Mithilfe eines Handwerkers scheiterten Dutzende von adligen Offizieren rund um Stauffenberg und Generälen in der praktischen Ausführung, sie waren eher auf das Theoretisieren spezialisiert. Das heißt, Widerstand sollte nicht in einem akademischen Klub stattfinden. Wir brauchen für ihn alle, wenn er denn wirkungsvoll sein soll. Die Strateginnen, die Wissenschaftlerinnen, aber auch den Handwerker, es geht nur zusammen, wenn eine Bewegung schlagkräftig sein soll. Aber – und das ist vielleicht die wichtigste Erkenntnis an Elsers Husarenstück – man kann auch allein etwas bewegen. Elser war während der Vorbereitung des Attentats nicht an die Gestapo verraten worden, er konnte nicht verraten werden, weil er einfach niemandem davon erzählt hatte.

Der Russe kommt! Wirklich?

Was dem Russen Spaß macht,
bringt dem Deutschen den Tod.
Russisches Sprichwort

Wir wissen jetzt, dass kein Krieg ohne ein klar definiertes Feindbild auskommt, nicht ohne eine genaue Vorstellung davon, wer »wir« sind und wer »die«. »Die« anderen, gegen die man kämpfen soll, werden dabei natürlich möglichst negativ dargestellt. Sie sind Untermenschen, gefährlich, trachten uns nach dem Leben oder sind so böse, dass sie nicht einmal davor zurückschrecken, Frühgeborene aus Brutkästen zu reißen. Seit Jahrtausenden funktioniert Krieg mit diesem emotionalen Hebel. Man muss für den Krieg den Feind hassen, und dafür ist jede Lüge recht. Die letzte ist ein relativ junges Beispiel und ist als Brutkastenlüge in die Geschichte eingegangen. Die Vorstellung, dass Soldaten

157

bis in die Geburtsstation einer Klinik vordringen und dort wehrlose Babys aus ihren Brutkästen reißen, ist in der Tat etwas, das man sich nicht vorstellen möchte. Man wird sofort wütend und würde alles dafür tun, um solches Wüten zu verhindern. Deswegen war es genial, sich gerade diese Lüge auszudenken, um 1990 die amerikanische Öffentlichkeit, den US-Kongress und Präsident George H. W. Bush davon zu überzeugen, dass man unbedingt die irakische Armee aus Kuwait vertreiben müsse. Im Nachhinein stellte sich heraus, dass die aus dem Land gejagte kuwaitische Regierung die amerikanische PR-Agentur Hill & Knolltown damit beauftragt hatte, für die Rückeroberung Kuwaits zu trommeln. Ihren Auftrag hat sie zur vollsten Zufriedenheit des Kunden ausgeführt, denn erst nach der Rückeroberung kam die perfide Lüge ans Licht. Vielleicht hätte man früher darauf kommen können. Zu schön, um wahr zu sein, sagt ein deutsches Sprichwort, hier müsste man es so übersetzen: zu böse, um wahr zu sein. Die Idee mit dem Brutkasten wirkt im Nachhinein so konstruiert. Sie konnte nur das Ergebnis eines Meetings gewesen sein, in dem jeder Agenturkollege einen Vorschlag machte, welche fingierten Gräueltaten die Öffentlichkeit wohl am meisten schockieren würden, und da landete die Geschichte mit den Babys im Krankenhaus klar auf Platz eins.

Was die Angst vor dem Russen betrifft, gibt es eine jahrhundertealte Tradition im Westen Europas. Schon vor siebenhundert Jahren gab es Kriege gegen Russland mit dem Argument, sie seien Ungläubige. Das ist das Gespenstische an Geschichte. Man denkt, man tappt durch siebenhundert Jahre alte Geschichten, von denen man erst den Staub wegpusten muss, und in Wirklichkeit erzählt man die Geschichte von heute. Ungläubige, also Menschen, die nicht an den Gott glauben, an den die Mehrheit der Nachbarn glaubt, werden bis heute mit Begeisterung getötet. Natürlich nährten auch wahre Ereignisse die Angst vor den Russen, wie die Mordlust von Iwan dem Schrecklichen, der sich immer neue Foltermethoden ausdachte. So ließ er einen Mann in ein Bärenfell einnähen. Als der darin weglief, stürzten sich die Jagdhunde des Zaren auf ihn. Iwan soll sich vor Lachen geschüttelt haben. (Übrigens hat sich auch Napoleon bei seinem Russlandfeldzug so grausam verhalten, dass man von ihm ebenso gut als Napoleon dem Schrecklichen hätte sprechen können.)

Wenn man allerdings ein Volk gegen ein anderes aufhetzen will, reicht ein schrecklicher Herrscher nicht aus. Nein, es muss die Vorstellung dazukommen, dass alle Russen kleine Iwane und schrecklich sind.

Was Russland betrifft, ist bis heute oft von »uns« und »den Russen« die Rede. Und das, obwohl nach meiner persönlichen Beobachtung die meisten Deutschen ein tiefes Bedürfnis nach einer Aussöhnung mit Russland haben. Und laut Angaben des Online-Portals Russland-Journal haben 88 Prozent der Deutschen keine Angst mehr vor den Russen. Trotzdem ist der Claim »Der Russe kommt!« unverzichtbarer Teil in der Schublade der konservativen Ängste. Warum eigentlich?

Polen und Polinnen im Osten ihres Landes hätten noch am ehesten Grund für diese Angst, denn 1939, als sich Hitler anschickte, Polen zu überfallen, tat er dies Hand in Hand mit Stalin, der tatsächlich von Osten her nach Polen kam. Ansonsten gilt für den gesamten Westen Europas: Der Russe ist noch nie gekommen, außer man war vorher selbst bei ihm, ohne Einladung, versteht sich, und hat alles verwüstet, ja, dann ist er schließlich gekommen.

Ich bin zwar ein notorischer Optimist, aber eine Meldung ließ mich im Frühjahr 2018 doch aufschrecken. Die von Jean-Claude Juncker geführte EU-Kommission wollte 6,5 Milliarden Euro einsetzen, um die Autobahnen in Richtung Russland, auch die in Deutschland, so auszubauen, dass sie mit schwerem militärischem Gerät benutzbar sind. Militärische Transporte, zum Beispiel von Mitteleuropa nach Litauen, würden viel zu lange dauern oder gar unmöglich sein, hieß es. Mein erster Gedanke: Wie wäre es, wenn man die Autobahnen erst mal so ausbauen würde, dass sie mit einem ganz normalen Pkw benutzbar sind? Es nützt ja auch nichts, wenn sich die Panzer auf der A100 im Ernstfall stauen, weil eine Spur eingespart wird.

Mein zweiter Gedanke: Was ist das wieder für ein Kriegsgerät, das nur auf der Autobahn vorankommt und nicht, wie für Panzer eigentlich selbstverständlich, auch durch die Büsche? Hat man denn aus den Erfahrungen von Napoleon und dem deutschen Heereskommando im Zweiten Weltkrieg nichts gelernt? Richard von Weizsäcker rief den Satz in Erinnerung, der 1942 aus den Volksempfängern schallte: »Im Dezember hat uns in Russland der Winter überrascht.«

Eigentlich hatte Jean-Claude Juncker mit seiner Ausbauforderung völlig recht. Ich sehe den Anlass täglich, wenn ich als Kabarettist mit der Bahn und dem Auto durchs ganze Land fahre. Zum Beispiel über die Rader Hochbrücke, also jene, die die Autobahn A7 über den Nord-Ostsee-Kanal führt. Man darf dort nur mit 60 Stundenkilometern die Brücke passieren, und ein Schild weist Lkw-Fahrer an, immer mindestens 25 Meter Abstand zum nächsten Lkw einzuhalten, auch im Stau. Ich musste erst nachdenken, warum Trucks im Stau einen so großen Abstand einhalten sollten, bis es mir einfiel: Die Brücke würde sonst in den Kanal zusammenbrechen. In diesem Kanal gilt übrigens ein Tempolimit von 15 Kilometern pro Stunde für Schiffe. Man kann also die Strecke von Kiel an der Ostsee bis Brunsbüttel an der Nordsee mit dem Fahrrad auf dem Kiesweg neben dem Kanal doppelt so schnell bewältigen als mit einem Schiff im Kanal.

Die Eisenbahnbrücke über dem Kanal stammt aus dem Jahr 1911. Sie eignet sich für Militärtransporte ebenso wenig wie die Verbindung nach Dänemark über die Insel Fehmarn. Bekanntlich sind die Dänen dabei, auf dem Meeresgrund einen Tunnel mit vierspuriger Autobahn und zweigleiser Röhre für Schnellbahnen zu bauen. Doch auch hier würde ein Truppentransport aus dem Ausland – wer weiß, ob man den Dänen langfristig trauen kann – am Ende des Tunnels auf der deutschen, eingleisigen, nicht elektrifizierten Bahnstrecke ins Stocken geraten. Spätestens auf der maroden Fehmarnsundbrücke kämen nur noch Einheiten auf Fahrrädern sicher aufs deutsche Festland.

Dieses Phänomen ist deutschlandweit zu beobachten. Die A20 an der Ostsee Richtung Russland versank im Moor, ganz ohne schwere Belastung, sondern einfach so. In Wiesbaden und Mainz konnte wochenlang niemand mehr den direkten Weg von Mainz nach Wiesbaden oder umgekehrt nehmen, da die Schiersteiner Brücke um dreißig Zentimeter absackte und gesperrt werden musste. Die Erneuerung der Brücke ist bis 2021 angepeilt und wird, wenn der Zeitplan überhaupt eingehalten werden kann, mindestens zweimal so lange dauern wie die Errichtung der ersten Brücke ab 1959.

Warum nicht aus der Not eine Tugend machen? Anstatt die Russen mit schnellen NATO-Militärtransporten in die baltischen Republiken abzuschrecken, ist es doch viel günstiger, alles so zu lassen, wie es ist. Auf den maroden Brücken und Autobahnen Deutschlands ist ein Einrücken von russischen Truppen völlig unmöglich. Die Strategie, die Russen auf ihrem Weg nach Westen zu stoppen, indem man alle Brücken Richtung Westen zerstört, wurde schon von der Wehrmacht 1945 beim Untergang des Dritten Reichs praktiziert. Wo keine Brücke ist, kommt man nur mühsam über, sagen wir: die Oder. Heute sind wir im Westen sogar einen Schritt weiter, weil wir unsere Brücken nicht mal sprengen müssen, sie sacken in vorauseilendem Gehorsam von selbst zusammen. Über den Rhein kommt der Russe in Hessen nicht, jedenfalls nicht über die Schiersteiner Brücke, es sei denn, seine Panzer wiegen weniger als 3,5 Tonnen, für Schwereres ist die Brücke gesperrt.

Was den Nord-Ostsee-Kanal betrifft, hat diese Abschreckung schon funktioniert. Russische Reedereien sollen auch wegen der langen Wartezeiten an den zumeist hundertzwanzig Jahre alten Schleusentoren wieder den Umweg über den nördlichsten Zipfel Dänemarks durch den Skagerrak vorziehen, auch wenn es ein wirklich großer Umweg ist. Und selbst wenn die Russen es schaffen sollten, ihre Panzer mehrspurig auf der Autobahn Richtung Berlin zu schicken, spätestens am Ring treffen sie auf eine Spurverengung in einer Baustelle. Ha! Bis sie da im Reißverschlussverfahren durch sind, haben wir längst die Koffer gepackt und sind weg. So halten wir den Iwan fern!

Aber mein wichtigster und auch ernster Gedanke: Was für eine beunruhigende Nachricht rund siebzig Jahre nach Kriegsende, dass man der Meinung ist, man müsse den nächsten Vormarsch auf Russland vorbereiten. Warum nicht einen viel klügeren Weg wählen und das Land einfach in die NATO aufnehmen? Das geht nicht, weil Russland doch gar nicht am Nordatlantik liegt? Das ist kein Argument, denn die Türkei – wichtiger NATO-Partner – liegt auch nicht am Nordatlantik. Weil Russland keine richtige Demokratie ist, Putin die Medien und Oppositionellen unterdrückt und manchmal ehemalige, inzwischen zum britischen Geheimdienst übergelaufene Spione in England vergiften lässt? Die Türkei ist auch alles andere als eine freie Demokratie, Erdoğan lässt nach Lust und Laune Leute ins Gefängnis werfen und Zeitungen verbieten. Ich bin der Ansicht, dass sich die russische Regierung weniger provokativ verhalten würde, wenn sie im gleichen Klub, nämlich der NATO, Mitglied wäre. Also, was spricht noch gegen eine NATO-Mitgliedschaft? Dass es völkerrechtswidrig die Krim besetzte? Nun, vor dem Hintergrund, dass eine NATO-Mitgliedschaft Russlands so fundamentale Verbesserungen des Sicherheitsgefüges auf der Welt und vor allem für den Westen bedeuten würde, könnte man diese unrechte Annexion mit all dem verrechnen, was andere an Mist gebaut haben, die in der NATO mitmachen dürfen. Die USA sind auch in unzählige Länder einmarschiert, und wenn man es genau nimmt, haben sie sogar Amerika annektiert, all die Auswanderer aus Europa, die den Indianern ihr Land wegnahmen.

Deutschlands Annexionsliste ist am längsten: Polen, die Niederlande, Belgien, Frankreich, Dänemark, Norwegen, und schließlich haben wir schon probiert, Russland selbst völkerrechtswidrig zu annektieren, und dabei im Gegensatz zu den Gegenwarts-Russen auf der Krim aber auch jedes Dorf in Brand gesteckt. Deshalb bekommen die Worte von Deutschen immer einen hohlen Klang, wenn sie Russen moralische Vorschriften machen wollen. Ich weiß, das ist schon lange her, ich bin auch kein Freund der Selbstgeißelung. Schuld lässt sich – zum Glück – nicht vererben, aber was die Anhänger des Schlussstrichs betrifft, ist die Forderung, ja nicht mehr darüber zu reden, schlichtweg falsch, wie ich vor Kurzem in Berlin feststellen musste. Ich sprach dort im *Quatsch Comedy Club* über die NS-Zeit, und plötzlich rief ein Zuschauer »Immer dieselbe Leier!« und fügte hinzu: »Das ist doch schon dreißig Jahre (sic) her!« Genau – und gerade wegen dieser geschichtlichen Unbildung ist es wichtig, weiter zu erinnern, damit die Verbrechen, die nun schon bald ein ganzes Menschenleben oder mehr – aber auf keinen Fall erst dreißig Jahre, wie dieser Zuschauer dachte – zurückliegen, so in Erinnerung bleiben, als wären sie erst vor wenigen Jahren verübt worden. Was all die gewaltsamen Annexionen durch Deutschland betrifft, ist es zwar so, dass wir die annektierten Gebiete kurz darauf zurückgeben mussten, aber das macht uns auch nicht zur moralischen Instanz – da es ja nicht gerade freiwillig geschah.

Viele altehrwürdige NATO-Staaten hatten einst Kolonien in Übersee und anderen weit entfernten Ecken der

Welt, die sie völlig ungefragt besetzten. Ich bin gegen Schlussstrichdebatten, aber wir könnten die Verbrechen Russlands mit Blick auf unsere eigenen Verbrechen in den Schrank mit den Dingen tun, die wir nie wiedersehen wollen. Würde das Land Mitglied der NATO, dann natürlich in einem Zug mit der Ukraine. Denn gerade die Versuche des Westens, Russland mit neuen NATO-Mitgliedsstaaten im Baltikum, der Ukraine, Georgien und anderen quasi zu umzingeln, können mit Ursache dafür sein, dass die Situation vor Ort eskaliert. Und auch die Aufregung Russlands über die Pläne für ein Raketenabwehrsystem in der NATO würde verpuffen, wäre es selbst dabei.

Das Bündnis war einst aus Angst vor dem Stalinismus und den neuen Machthabern im Osten gegründet worden. Wenn diese Angst wegfällt, könnte man die NATO mit wenig Aufwand in einen Zustand versetzen, in dem es uns an Feinden mangelt, das wäre eine grandiose Entwicklung. Und selbst wenn sich jemand trauen sollte, die Nato anzugreifen, besonders gut vorbereitet ist die alte NATO auf diesen Tag eh nicht. Als es in deren Hauptquartier hieß, es solle an einem neuen Plan für den Verteidigungsfall gearbeitet werden, dachte ich: »Herrje, wie alt war denn der alte? Und warum kündigt man das auch noch an?« Das wäre ja wie ein italienisches Restaurant, in dem der Kellner bei einer Bestellung sagt: »Hm, wir arbeiten gerade an einem Plan, wie wir schnell und effektiv Essen kochen können im Fall einer Bestellung.«

Ein guter Zeitpunkt für die Aufnahme Russlands in die NATO ist schon verstrichen. Nach dem Zusammenbruch der Sowjetunion traten zahlreiche Länder ihres ehemaligen Machtbereichs dem Bündnis bei. Halb ließ Russland sie ziehen, halb sank es selbst kraftlos dahin. Genau in diesem Moment wären neue Entwürfe für ein erweitertes Verteidigungsbündnis eine gute Idee gewesen. »Die NATO und Russland betrachten sich nicht als Gegner«, hieß es damals von beiden Seiten. Warum hat man diese Chance verstreichen lassen? Was für den westlichen Teil der NATO-Mitglieder einen gewissen Reiz hatte, ein neues Bündnis mit dem ehemaligen Feind Russland, war für neue Mitglieder wie Polen eher abschreckend, wollte man doch nach vierzig Jahren unfreiwilliger Zusammenarbeit endlich raus aus dem Machtbereich Russlands.

Siebenundzwanzig Millionen Opfer mussten die Russen im Zweiten Weltkrieg beklagen, darunter neun Millionen Soldaten, die übrigen waren Zivilisten, darunter auch viele Juden, die von unseren Großvätern ermordet wurden. Frieden mit Russland ist absolutes Pflichtprogramm. Als NATO-Partner wäre es zudem ein großer Zugewinn, gerade für Deutschland, verfügt man dort doch über Ausrüstung, die bei der Bundeswehr völlig unbekannt ist, so zum Beispiel Hubschrauber und Transportflugzeuge, die auch fliegen können. Als es kurz nach der Wende Anfang der Neunzigerjahre möglich war, durch Ostdeutschland zu wandern, während die russischen Truppen noch nicht abgezogen waren, hatte ich eine freundliche Begegnung mit einer russischen Einheit, die ich in der Landschaft neben ihrem Panzer rauchend antraf. Sie begrüßten mich freundlich, zeigten mir, über welche Features ein russischer Panzer verfügte, und verrieten mir dabei ein Militärgeheimnis, das unter den Soldaten so geheim war, dass nicht mal ihre eigenen Offiziere davon wussten. Man konnte im Panzer Wodkaflaschen im Kanonenrohr verstecken, also mehrere hineinschieben. Ließ man dann das Kanonenrohr nach oben hochfahren, rutschten die Flaschen innen in die Hände der Besatzung. Wir stießen an, und mir wurde schlagartig die wahre Bedeutung des russischen Sprichworts klar, das diesem Kapitel vorangestellt ist. Was dem Russen Spaß macht, bringt dem Deutschen den Tod. Es bedeutet eben nicht, dass der Russe gerne Deutsche tötet, sondern dass der Deutsche keinen russischen Wodka verträgt. Es ist längst überfällig, dass wir die Russen zu unseren Freunden machen. Ich glaube, sie sind bereit dafür. Aber solange eine Rüstungsindustrie davon lebt, dass die Angst vorm Russen bestehen bleibt, können nur die einfachen Menschen nachhelfen. Viele Russen leben in Deutschland. Eine Freundschaft bedarf nur etwas Initiative, und dann erfährt man von dem, was die Russen so gefährlich macht, ihre Hauptinteressen. Sie wollen gut leben, schöne Reisen machen, und das Wichtigste ist für sie, dass es ihren Kindern und ihren Eltern gut geht. Das ist genau das, was fast alle Menschen auf der Erde möchten, und deswegen gibt es kein »wir« und »die«. Wir sind alle nur Väter und Mütter oder Töchter und Söhne und basteln am Glück für uns und unsere Lieben.

Der Türke kommt! Wann?

Der beste Wegweiser im Leben ist die Wissenschaft.
Mustafa Kemal Atatürk

Schreiben wir doch einmal in Gedanken den Trend vom Abbau der Grenzen und der friedlichen Vereinigung immer größerer Territorien fort. Und fangen gleich mit einer großen Chance an, die in der jüngeren europäischen Geschichte leider ebenfalls vertan wurde.

Die Türkei hatte sich für eine Mitgliedschaft in der EU beworben, und ich halte das für wünschenswert und möchte Sie als bis hierhin geneigter Leser oder geneigte Leserin bitten, dieses Buch nun nicht empört aus der Hand zu legen, bevor Sie nicht meine Begründung für meine Haltung gelesen haben. »Die Türkei? In die EU? Das ist ja wohl ein Witz!«, mag man denken, und in der Tat ist die Türkei mit ihrem autoritären Präsidenten Erdoğan, der nach Lust und Laune Menschen verhaften

171

lässt und die Kurden mit militärischer Gewalt bekämpft, sehr weit davon entfernt, die Bedingungen für einen EU-Beitritt zu erfüllen. Die EU ist eine Wertegemeinschaft, das weiß man vor allem in Deutschland, wo die Leopard-Panzer gebaut und in die Türkei geliefert werden, mit denen Erdoğan heute die Kurden unterdrückt, an die wir ebenso Waffen verkaufen – so viel Gerechtigkeit muss sein.

Als die Niederlande im Jahr 2017 türkischen Politikern Auftritte im Wahlkampf verboten, kochten die Erdoğan-Anhänger in der Türkei. Sie verbrannten aus Protest in der Stadt Samsun eine französische Flagge. Eine völlig sinnlose Idee, denn Frankreich hatte mit dem Auftrittsverbot türkischer Politiker nichts zu tun. Aber die französische Flagge ähnelt der niederländischen, man hatte sich wohl vergoogelt.

Ein vorschneller Fund im Internet war wohl auch schuld daran, dass Demonstranten in der Türkei das Bild vom damaligen französischen Präsidenten verbrannten. François Hollande, sein Nachname wurde ihm zum Verhängnis.

Ich selbst wurde Zeuge eines kleinen bizarren Gegenprotests in Deutschland. Da Erdoğan sich per Abstimmung so weitreichende Macht einholte, dass man von einem Ermächtigungsgesetz sprechen konnte, hörte ich, wie in einem Hamburger Dönerladen ein Kunde den Dönermann mit den Worten ansprach: »Hast du auch für Erdoğan gestimmt? Wenn ja, kaufe ich keinen Döner mehr bei dir.« Darauf antwortete der man am Döner-grill: »Ich bin Albaner, du Freak!«

Es nützt auch wenig, wenn ein Großteil der Deut-schen ihre Türkeireisen aus Protest gegen mangelnde Demokratie storniert und stattdessen lieber wieder nach Ägypten fährt. Zumal heute viele vergessen: Den neuen autoritären Erdoğan hat sich der Westen quasi selbst gezüchtet. Die EU ist nicht ganz unschuldig da-ran, dass die Türkei so auf die schiefe Bahn gekommen ist und damit weniger akzeptabel für die EU denn je. Und das kam so: Solange es eine realistische Aufnahme-chance für die Türkei gab, strengten sich der türkische Präsident Erdoğan und auch schon sein Vorgänger an, die europäischen Vorgaben zu erfüllen. 1999 wurde die Türkei als Beitrittskandidat akzeptiert. Sie musste zu-nächst damit beginnen, die sogenannten Kopenhagener Kriterien zu erfüllen, dazu gehörten neben der Schaf-fung einer demokratischen und rechtsstaatlichen Ord-nung auch die Wahrung der Menschenrechte sowie die Achtung und der Schutz von Minderheiten. Und das wurde tatsächlich in Angriff genommen, schon von der Regierung unter Bülent Ecevit, der mit den Reformen begann. Und so wurde Kurdisch als Sprache in den Schu-len zugelassen, es tauchten zweisprachige Ortsschilder im Südosten der Türkei auf, mehrere kurdische Radio-sender bekamen eine Lizenz, und 2005 begannen die wirklichen Beitrittsverhandlungen.

Natürlich gab es auch in der Türkei viele EU-Skeptiker, immerhin verlangte die EU die Übernahme des kompletten Regelwerks, das auch in den anderen Mitgliedsstaaten gilt. Eine Mammutaufgabe. 2007 wurde Erdoğan wiedergewählt, er vertrat im Wahlkampf, im Gegensatz zu vielen anderen türkischen Parteien, einen Pro-Europa-Kurs. Ja, man höre und staune.

Die Unabhängigkeit der Institutionen ist eine von unzähligen Schritten im Beitrittsprozess, und wie unabhängig sich in der Türkei der Generalstaatsanwalt Abdurrahman Yalçınkaya fühlte, zeigte sich, als Erdoğan das Kopftuchverbot an Universitäten abschaffte. Moment mal, es gab bis dahin ein Kopftuchverbot in der Türkei, in einem muslimisch geprägten Land? Genau, dort wurde der Laizismus, also die Trennung von Staat und Kirche, hier von Staat und Moschee, viel konsequenter durchgesetzt als bei uns, wo der Staat sogar die Mitgliedsbeiträge einzelner Religionen eintreibt. Studentinnen mit Kopftuch wurden bis 2008 zum Beispiel in die Universität Ankara nicht eingelassen. Das änderte die regierende AKP, die gerade mit großer Mehrheit gewählt worden war. Doch die Aufhebung des Kopftuchverbots verstieß gegen die Verfassung, und deshalb forderte der Generalstaatsanwalt ein Verbot der AKP. Was für ein Mut! Und um ein Haar wäre es dazu gekommen: Sechs Verfassungsrichter stimmten für das Verbot, einer mehr hätte es sein müssen. Man stelle sich vor: Nachdem in Bayern auf allen Amtsstuben Kreuze aufgehängt wurden, hätte die Generalbundesanwaltschaft ein Verbotsverfahren gegen die CSU eingeleitet. Eigentlich eine zauberhafte Idee!

In weiterem Reformeifer beschäftigte sich die türkische Regierung sogar mit der Harmonisierung der Gesetze im Umweltschutz und dem Kampf gegen Plagiate. Es hätte nicht viel gefehlt, und Erdoğan hätte sein Einverständnis mit der berühmten Gurkenkrümmungsverordnung abgegeben – dem Nonplusultra aller europäischen Verwaltungsbürokraten. Doch immer häufiger kamen aus der EU Stimmen, die sagten, es komme nicht nur darauf an, dass die Türkei alle Beitrittskriterien erfülle, sondern auch darauf, ob die EU die Türkei überhaupt aufnehmen wolle. Nicolas Sarkozy gewann eine Wahl nicht zuletzt mit dem Versprechen, den EU-Beitritt der Türkei zu verhindern, und schließlich sagte die deutsche Kanzlerin Angela Merkel im Jahr 2010, sie sei gegen den Beitritt der Türkei in die EU. So, und jetzt kommt die Wahrheit, die zunächst von offizieller Stelle und inzwischen von den meisten Menschen im Westen Europas nicht gesehen werden will: Erst im Angesicht der Tatsache, dass die Türkei keine echte Chance hat, in die EU aufgenommen zu werden, auch wenn sie sich noch so anstrengt und den gesamten Forderungskatalog erfüllt, erst seitdem ist Erdoğan außer Rand und Band und schuf die Türkei, die tatsächlich völlig unakzeptabel ist.

Dabei haben die beiden Hauptverantwortlichen bei diesem Desaster – Angela Merkel und Nicolas Sarkozy – noch 2007 einen Rat der Weisen zur Zukunft Europas eingesetzt. Und dieser Rat der Weisen sagte tatsächlich weise Dinge. Nicht Religionen oder Geografie sollten die Grenzen Europas bestimmen, sondern Werte. Denn inzwischen lehnten immer mehr EU-Politiker die Türkei als Beitrittskandidaten mit dem Schlaumeier-Hinweis ab, die Türkei läge ja zum allergrößten Teil, also jenseits des Bosporus, nicht in Europa, sondern in Asien, und im Übrigen seien in der EU bisher christlich geprägte Länder vereinigt, und die Türkei sei ja ein muslimisch geprägtes Land und gehöre auch deshalb nicht dazu. Die Spalter hatten mal wieder ihre Kräfte gesammelt, und in diesem Fall hatten es die Vereiner besonders schwer, nachdem Sarkozy und Merkel so demonstrativ Signal gegeben hatten, dass es egal ist, wie sehr die Türkei sich anstrengt, da sie so oder so nicht gewollt ist.

Auch diese Geschichte unterstreicht, wie wichtig es ist, schnell und deutlich auf Verbrüderung zu setzen, um alle Beteiligten in friedliche Gewässer zu steuern. Die Ansage muss klar sein: Wenn die Türkei alle Regeln der EU im eigenen Land umsetzt, dann muss sie auch automatisch EU-Mitglied werden können. Es geht doch nicht, dass man die Führerscheinprüfung besteht, alles richtig macht, und der Fahrlehrer dann sagt: »Ich weiß nicht, Sie strengen sich an, Sie haben die Anforderungen erfüllt, aber irgendwie passt mir Ihre Nase nicht. Ich werde Ihnen den Führerschein nicht ausstellen, Sie sind ja auch nicht von hier.«

Auf diesem Kurs der Anpassung würde das Land demokratischer, die Kurden würden alsbald nur noch diskriminiert wie die Dänen im Norden Schleswig-Holsteins. Und das wichtigste Argument: Eine weitere Grenze wäre friedlich überwunden. Außerdem hat die Türkei mehr Sonnentage pro Jahr als Großbritannien, als es 1972 in die EU eingetreten ist.

Apropos Großbritannien. Beim Zaudern der EU, die Türkei zu integrieren, zeigte sich ein weiterer Effekt, den es bei allen organischen Systemen gibt, zu denen auch die Wirtschaft und die Politik gehören. Es gibt nur Wachstum oder Rezession, so wie es bei unserem Körper nur Aufbau oder Abbau gibt, der erschreckend früh eintreten kann. Dies gilt auch für den Fortbestand der Europäischen Union. Die Vorstellung von einer Auszeit von weiterer Integration, davon, dass Europa noch nicht bereit für die Türkei sei und sich erst mal mit den bisherigen Mitgliedern konsolidieren sollte, hat sich als Fehlentscheidung entpuppt. Denn obwohl wir die Türkei draußen gehalten haben, ist unser Laden zerstrittener als je zuvor. Nach dem Ende der Aufnahme neuer EU-Länder war es nur ein kurzer Weg bis zum Brexit. Wäre die Türkei inzwischen Mitglied oder wenigstens auf dem Weg zu einem geplanten Beitritt in den nächsten Jahren, hätte dies vielleicht sogar die Reihen der bisherigen Mitgliedsstaaten geschlossen.

Wenn die Europäische Union kein geografisches Bündnis ist, sondern ein Wertebündnis, dann müsste jedes Land der Welt Mitglied werden können. Nach der Türkei könnten Tunesien und Marokko folgen. Der Trend, dass sich auf der Welt immer mehr Staaten zu Bündnissen, Freihandelszonen und Grenzaufhebungen verabreden, kann am Ende doch nur bedeuten, wenn sich alle irgendwann geeinigt haben, wird es auf der Welt keine Grenzen mehr geben, denn das ist der natürliche Zustand, in dem man sich am besten entfalten kann – nicht nur als Storch, auch als Mensch.

Wer Frieden will, muss handeln

Mut steht am Anfang des Handelns,
Glück am Ende.

Demokrit

Ein weiteres erprobtes Friedensrezept ist dieses: Staaten, die miteinander Handel betreiben, wollen und können keinen Krieg mehr miteinander führen. Wie alle Wahrheiten ist sie einfach, dennoch wird sie oft nicht gesehen. Überschattet wird dieses begrüßenswerte Ziel davon, dass die Globalisierung durchaus Krieg gegen einzelne Menschen möglich macht, die gezwungen sind, Lohnsenkungen hinzunehmen, weil ihre Arbeit anderswo auf der Welt billiger erledigt werden kann. Sie kann Menschen zwingen, ungesunde Arbeit in Bergwerken und Gerbereien zu übernehmen, sich zu prostituieren oder eine Niere zu verkaufen, während in anderen Ecken der Welt Arbeitslosigkeit herrscht, wo es früher genug

Arbeit für alle gab. Deshalb wird die Globalisierung kritisch gesehen. Leider überdecken die Nachrichten von schockierenden Zuständen in Textilfabriken, über Kinderarbeit und Umweltverschmutzung die weitgreifenden positiven Entwicklungen, die oft aus denselben Ländern stammen, aus denen auch die erschütternden Nachrichten kommen. Immer mehr Familien werden weltweit dank der Industrialisierung aus der Armut befreit, können ihr Einkommen steigern und ihre Lebenserwartung. Was die Geburtenrate betrifft, die Sicherheit am Arbeitsplatz oder Umweltstandards, benötigten viele Länder Asiens nur Jahrzehnte, wofür das alte Europa über hundert Jahre brauchte. Worum es aber in diesem Kapitel gehen soll, ist: Je intensiver der Welthandel betrieben wird, desto mehr sorgt er dafür, dass die miteinander handelnden Staaten in Frieden leben. Was den Handel betrifft, ist Krieg genau das Gegenteil von Globalisierung. Zwar hat im Zweiten Weltkrieg die eigentlich neutrale Schweiz als Durchfahrtsstrecke für Rüstungsgüter aus dem faschistischen Italien ins Deutsche Reich und umgekehrt gedient, und das ebenso neutrale Schweden hat die Krieg führenden Staaten im großen Stil mit Eisenerz versorgt, aber die direkten Kriegsgegner fuhren den Handel auf null runter. Natürlich handelte man nicht mehr, wieso sollte man dem Feind etwas liefern? Entweder würde er es für den Krieg einsetzen, oder es würde sein Leben komfortabler machen, beides wollte man auf keinen Fall. Es war im Gegenteil Kriegs-

180

strategie, den Gegner zu schwächen und zu bezwingen, indem man ihn von wichtigen Gütern abschnitt – durch Seeblockaden zum Beispiel. Da die großen Kriege heute nur von Staaten angezettelt werden können, ist diese Erkenntnis wichtig und sollte auch die Gedanken all jener infrage stellen, die Welthandel, Konzerne und Globalisierung ausschließlich als negative Begriffe verwenden. Dies geschieht im politischen Spektrum ganz links und ganz rechts. Und so war es auch eine äußerst bizarre Koalition, die das Freihandelsabkommen TTIP verhinderte. In Deutschland setzten sich sowohl die Linkspartei als auch die AfD dagegen ein, und auch in anderen Ländern der EU wetterten vor allem Links- und Rechtsparteien gegen das Freihandelsabkommen. Rechts dachte man, dass Schutzzölle den heimischen Markt stärken würden. Links sorgte man sich um Arbeitnehmerrechte und stellte den Freihandel infrage, weil er für Konsum steht. Wer TV-Geräte aus China bestellt, im Winter Blaubeeren aus Peru isst und argentinische Steaks, macht sich in vielerlei Hinsicht schuldig. In China gibt es keine Demokratie und geringere Umweltstandards als bei uns, Blaubeeren im Winter sind eine Konsumsünde, werden sie doch mit dem Flugzeug gebracht. Und Fleischkonsum ist schon an sich abzulehnen und noch mehr, wenn das Fleisch von der anderen Seite des Planeten kommt. Dabei heißt Freihandel nur, dass auf Waren keine Zölle erhoben werden, die Waren müssen trotzdem, was ihre Eigenschaften und ihre Herstellung betrifft, den Gesetzen entsprechen, auch wenn diese angeglichen werden sollten. So waren Biolebensmittel etwas, das zunächst nur engagierte Landwirtinnen in kleiner Menge produzierten für winzige Bioläden, in denen man fünf bis sechs Produkte in einen Weidekorb legte und sich dann wunderte, wie teuer ein gesundes Leben sein kann. Doch es ist ja gerade das Wunder der Marktwirtschaft, dass Nachfrage zu Angeboten führt und mit ihr Biolebensmittel inzwischen im großen Stil in den Niederlanden produziert werden. Und nach derzeitigen Gesetzen kann ein Wein aus Südafrika als Bioprodukt bei uns im Regal landen, auch wenn er eine lange Reise hinter sich hat. Doch auch wenn der Freihandel viele ethische Fragen aufwirft nach Menschenrechten, Mindestlöhnen, sicheren und gesunden Arbeitsplätzen, eines spricht für ihn: Länder, die mit Handel verwoben sind, wollen keinen Krieg miteinander führen. Deshalb sollte der Trend zu neuen Schutzzöllen, die nicht nur vom amerikanischen Präsidenten gefordert und zum Teil eingeführt wurden, als das gesehen werden, was er ist: eine Kriegsgefahr. Dies gilt auch für den Handel zwischen Deutschland und Russland. Er ist während der Sanktionen, welche die EU während der Besetzung der Krim durch russische Truppen einführte, um drei Prozent gewachsen. Wie kann ein Handelsvolumen steigen, wenn Sanktionen herrschen? Nun, die Sanktionen betreffen nur ausgewählte Produkte, echte russische Exportschlager wie Erdgas sind nicht betroffen. Das ist auf der einen Seite unlogisch, denn wenn man Putin für seine aggressive Außenpolitik bestrafen wollte, dann wäre der Verzicht auf russisches Erdgas das effektivste Mittel. Doch dann müssten viele Deutsche in ihren Häusern und Wohnungen frieren. So viel Einsatz wollte man der Bevölkerung nicht abverlangen. Zwar wäre der Effekt enorm gewesen, ohne Gasexporte dürfte die russische Wirtschaft schnell erheblichen Schaden nehmen, Putin wäre geschwächt, doch was ist im Lauf der Geschichte in solchen Momenten immer passiert? In die Enge getrieben, hätte der Präsident den nächsten Krieg angezettelt, denn das schließt in Krisenzeiten immer die Reihen. Vielleicht wären Estland, Lettland oder Litauen die nächsten Ziele gewesen. Auch wenn sie NATO-Mitglieder sind, ein schneller Einmarsch der russischen Truppen hätte vielleicht zu einem Berlin-Effekt geführt. Als Russland im Berlin des Jahres 1948 die Transitstrecken für die anderen Alliierten sperrte, waren die USA nicht bereit, dafür einen militärischen Konflikt der Supermächte in Kauf zu nehmen. So würde es auch bei einer Besetzung eines baltischen Staats aussehen. Es gäbe keine Alternative für die NATO, als sich wegzuducken, mit den Schultern zu zucken und – wie heute – Sanktionen zu beschließen, die vor allem Symbolik sind. Man möchte sich all diese Szenarien nicht ausmalen, das beste Mittel gegen sie ist Handel.

Auch im Rahmen des Brexits zeigten sich das Friedvolle am Handel und die neuen Gräben voller Konflikte, die sich durch neue Grenzen und Zölle auftun. Boris Johnson, übrigens Kunde bei demselben Friseur wie Donald Trump, war bis Mai 2018 Außenminister Großbritanniens. Dass er dieses Amt überhaupt innehatte, war eine absurde Fußnote des Brexit-Dramas. Denn anstatt mit 28 EU-Ländern ganz wunderbar einfach in einem Binnenmarkt zu wirtschaften, ohne jeden Zoll und mit Freizügigkeit für Menschen, Waren und Dienstleistungen, muss er nun mit 27 anderen ehemaligen EU-Partnerländern neue Handelsverträge abmachen. Zumindest dachte er das, denn in Wirklichkeit schließt die EU nur als Ganzes mit anderen Ländern wie zum Beispiel China Handelsverträge ab. Dabei sitzt auf der einen Seite des Tisches China, auf der anderen Seite die EU und nun also bald auf der einen Seite die EU, auf der anderen Seite Großbritannien. Bei dem irren Versuch, ein bilaterales Handelsabkommen allein mit Italien abzuschließen, rief Johnson in Rom an. Am anderen Ende der Leitung nahm Carlo Calenda, der Industrieminister, ab, und Johnson löste die Prosecco-Krise aus. Johnson soll dem Italiener gedroht haben: »Wenn wir uns nicht einig werden, kaufen wir Engländer keinen italienischen Prosecco mehr.« Was hätte Carlo Calenda darauf erwidern können? »Wenn ihr das macht, dann kaufen wir Italiener keinen englischen …« Spätestens hier hätte er sich zu seinen Beratern umdrehen müssen mit der Frage: »Was kaufen wir eigentlich in England?« Vielleicht hätte er drohen können: »Dann kaufen wir Italiener halt keine englischen Fish & Chips mehr.« Doch wäre das ein Druckmittel? Ich denke, der Export von Fish & Chips aus Großbritannien nach Italien dürften bei zwölf Kilo im Jahr liegen, und die gesamte Lieferung geht in die britische Botschaft nach Rom. Populisten haben immer den besseren Hebel für eine Eskalation. So könnte man in England alle italienischen Restaurants dichtmachen, wenn dagegen in Italien alle englischen Restaurants geschlossen werden sollten, würde sich der Verlust in Grenzen halten.

Gerade der EU-Binnenmarkt, in dem die europäischen Nachbarländer den größten Teil ihres Außenhandels miteinander abwickeln, ist ein Frieden bringendes Handelskonzept. Denn neben dem freien Warenfluss dürfen auch die Menschen frei dorthin gehen, wohin sie wollen. So findet ein großer Teil der Völkerverständigung über Jobs statt, denen Europäerinnen in anderen europäischen Ländern nachgehen. Ich rede hier nicht von der oberen Bildungsschicht, die sich multilingual überall zurechtfindet, sondern auch von den Arbeitsmigranten aus dem ärmeren Südeuropa, die im Norden arbeiten. Freie Waren und freie Menschen gehören zusammen. Die Idee der Brexiteers, zwar Waren reinzulassen, aber keine Menschen, hat ein trauriges Vorbild. Zu Zeiten der deutschen Teilung mussten für Importe in die EU Zölle bezahlt werden, außer für Importe aus der DDR in die Bundesrepublik. So konnte Honecker eine Maschine im Schwarzwald bestellen, der Grenzzaun öffnete sich für den Container, und als Bezahlung schickte er Container mit Erika-Schreibmaschinen, Mopeds, Jeansjacken und Jeanshosen, bis es in einem Dresdner Kaufhaus wie in einem alten DDR-Witz so zuging: Ein Kunde fragt in der ersten Etage: »Haben Sie hier keine Hosen?« Die Verkäuferin antwortet: »Nee, wir haben hier keine Jacken, keine Hosen gibt es in der zweiten Etage.«

Unternehmen, die international mit friedlichen Produkten aktiv sind, stärken nicht nur den Frieden zwischen Staaten, sie sind logischerweise auch selbst international, was sich in der Unternehmenskultur und der Belegschaft widerspiegelt. Es gibt kein in London gemeldetes Unternehmen, das den Brexit begrüßt hat, er ist für die gesamte Wirtschaft der Horror. Kolleginnen und Kollegen aus verschiedenen Ländern, die gemeinsam arbeiten und leben, tun genau das, was als Friedensrezept auch für die Nachbarschaft und das private Leben gilt, sie sind dort nur schon einen Schritt weiter. Deshalb ist es dringend notwendig, dass Menschen, deren Herz links schlägt, die Wichtigkeit des Welthandels für den Frieden erkennen und an einem Plan basteln, wie sie ihre Kritik an Konsum und den Schattenseiten der Globalisierung damit in Einklang bekommen, dass Handel an sich etwas Positives ist. Je mehr die Länder der Erde miteinander handeln, desto sicherer ist der Frieden.

Glaubt doch, was ihr wollt!

Man kann predigen, über was man möchte,
aber niemals über vierzig Minuten.
Martin Luther

Um einen Grund für Kriege habe ich mich bisher gedrückt, weil er bis heute besonders deprimierend ist. Er erscheint vielen bedrohlich und ist anscheinend eine Quelle von Gewalt, die immer weiter sprudelt. Gemeint sind Religionskriege. In Europas Geschichte waren sie so entsetzlich und verheerend, dass sie auf einer Stufe mit den großen Territorialkriegen stehen. Die deutschen Schlachten um den richtigen christlichen Glauben, also Katholiken gegen Protestanten im Dreißigjährigen Krieg, radierten ganze Landstriche aus. Bezogen auf den Anteil der damals noch geringeren Gesamtbevölkerung, kosteten diese Glaubenskriege in Deutschland mehr Menschen das Leben als der Erste und der

Zweite Weltkrieg zusammen. Oft waren die Religionskriege zugleich Territorialkriege, denn wenn man die Andersgläubigen umbrachte, konnte man sogleich ihr Land vereinnahmen. Doch obwohl Europas Geschichte mit den Kreuzzügen und den Glaubenskriegen in der Frühen Neuzeit voller Gewalt ist, Glaube als Kriegsgrund ist in Europa seit Jahrhunderten auf dem Rückzug. Nach Luthers Reformation waren es noch die Fürsten und Könige, die, je nach neuer oder alter Glaubensrichtung, anderen Reichen den Krieg erklärten, und auch die Verfolgung meiner Vorfahren, Hugenotten in Frankreich, hatte noch den Segen des Königs. Heute ist der Glaubenskrieg zum privaten Hobby geworden. Manche Staaten und Diktatoren führen zwar immer noch einen Krieg gegen den Teil ihrer Bevölkerung, die nicht den Gott anbetet, an den die Mehrheit glaubt, als Kriegsgrund zwischen Staaten taugt Religion jedoch nicht mehr. Dafür mobilisierte sie in den letzten Jahren in Europa fanatische Idioten, die mit dem Ruf »Allah ist groß« Menschen töteten. Schockiert von diesen Terroranschlägen der letzten Jahre, sind viele in den westlichen Ländern der Meinung, Muslime seien an sich eine Gefahr und planten die Islamisierung des Abendlandes. Häufigeres Auftauchen von stark bis vollverschleierten Frauen in den Fußgängerzonen von Wuppertal und Wilhelmshaven sorgte für weitere Erregung. Da die Debatte so weit bekannt ist, möchte ich hier ein Fenster öffnen, das den Blick in die Ferne lenkt und dort etwas verblüffend Positives sichtbar macht. Einwohner werden bei uns etwas voreilig als Moslems registriert, wenn sie muslimische Eltern haben, während für die Religionszugehörigkeit »evangelisch-lutherisch« oder »römisch-katholisch« mindestens Kirchensteuer bezahlt werden muss. Das gibt es im Islam nicht, da sind die Beiträge freiwillig, die meisten zahlen gar nichts. Gut, dennoch gibt es natürlich viele Muslime, nur die Vorstellung, sie würden regelmäßig in die Moschee gehen und die Scharia dem Grundgesetz vorziehen, kurz, die Islamisierung des Abendlandes angehen, ist ebenso absurd wie die Idee, alle Einwohner mit dem Eintrag »evangelisch« oder »katholisch« würden sich jeden Sonntag in der Kirche versammeln, keinen Sex vor der Ehe haben und radikale Abtreibungsgegner sein. Heute kümmern sich die Menschen des sogenannten christlichen Abendlandes immer weniger darum, was ihnen die Bibel vorschreibt, sie sehen ihren Glauben als etwas Individuelles und bedienen sich nur der Aspekte des Christentums, auf die sie Lust haben. Aber Muslime, waren das nicht die Leute, die ihre Religion ernst nehmen, wie schon der Kabarettist Volker Pispers anmerkte? Allein das macht sie unheimlich. Und wo etwas unheimlich ist, ist der Deutsche nicht weit, denn er gruselt sich so gern.

Deutsche leiden unter einer Störung, die ich so nennen möchte: vorauseilende Angst. Ich erlebte sie bei einem kleinen Refugee-Welcome-Grillen in Hamburg 2015, als viele Flüchtlinge angekommen und das Wort

»Geflüchtete« noch nicht erfunden war. Ich kann erst jetzt darüber schreiben, da ich lange nachdenken musste. Das Orga-Team hatte dazu aufgerufen, Grillgut mitzubringen, aber aus Rücksicht auf die muslimischen Flüchtlinge, von denen wir noch keine persönlich kannten, »Bitte keinen Alkohol und kein Schweinefleisch«, und aus Rücksicht auf die Veganerinnen möglichst gar kein Fleisch. Es war schon erstaunlich, wie viele mögliche Grenzen bei dieser Veranstaltung vorausgesetzt wurden, ohne dass sicher war, ob es sie überhaupt gab. Es war wirklich eine Zwickmühle. Wie sollte ich mich verhalten, um nicht all meine Gewohnheiten über Bord zu werfen? Ich hatte bis dahin auch schon die Erfahrung gemacht, dass ein Tofu-Steak wie eine gebratene Fußmatte schmeckt. Ich schickte der Veranstalterin eine Mail mit der Bitte, neben den vermeintlichen Ansprüchen von Muslimen und Veganerinnen auch auf meine Gefühle als orthodoxem Grilltraditionalisten, der zu Hause *Weber's Grillbibel* in einem Schrein aufbewahrt, Rücksicht zu nehmen. Um meine Gefühle nicht zu verletzen, müsse wenigstens etwas Bier vor Ort sein, und dieses unbedingt eisgekühlt, sowie ein paar Steaks. In der Mailantwort wurde mir mitgeteilt, ich solle mich nicht so anstellen, und es sei doch überhaupt kein Problem, einmal auf Bier und Fleisch zu verzichten. Nun ist es nicht so, dass ich mich nur von Bier und Steaks ernähre, ich möchte mich fast als angehenden Vegetarier bezeichnen, aber nicht beim Grillen. Was der Karneval für den Katholiken, ist für mich das Grillen. Kurz überlegte ich, zu protestieren. War ein Grillfest nicht auch ein Stück deutsche Tradition? Wie sollte man diese Tradition den Menschen nahebringen, wenn man sie ihres Kerns beraubte? Grillen ohne Fleisch und Bier ist wie Fahrradfahren ohne Fahrrad, klar, man kann immer noch zu Fuß gehen, aber irgendwie fehlt was, zumindest wenn man zu einer Radtour eingeladen hat. Ich schmiedete einen Notplan, sah mich schon mit einer Veganerin ein geheimes Bier unter der geöffneten Heckklappe meines Kombis trinken und Rindersteaks mit den Muslimen essen, vielleicht konnte man sich dafür irgendwo verstecken. Vielleicht hätte ich ahnen müssen, dass Menschen, die das Grillen einfach nicht ernst nehmen, auch nicht in der Lage sind, Holzkohle zu entzünden. Sie gaben es schnell auf und konzentrierten sich auf einen Elektrogrill, auf dem etwas Veganes aufgetaut wurde. Umso glücklicher war ich, als ich auf der Ladekante meines Kombis ein Bier mit Hamid trank, einem Arzt, der aus Aleppo geflohen war. »We need peace«, sagte er mehrmals. »We need peace, no religion.«

Die Geschichte vom Grillfest verdeutlicht, wie wir mit unserer Projektion Menschen völlig falsch einschätzen. Im Zuge des islamistischen Terrors der letzten Jahre ist die diffuse Angst vor einer Islamisierung Europas nicht nur ein Wahlkampfschlager rechtspopulistischer Parteien geworden, sie findet sich in weit mehr Köpfen als nur denen von Menschen, die rechts wählen.

Sie sind aufgeschreckt von zahlreichen Ereignissen. Von muslimischen Vätern, die ihre Töchter früh verschleiern wollen, Problemen bei der Teilnahme am Schwimmunterricht und nicht zuletzt dem Bau von Moscheen. All dies suggeriert, dass der Muslim »so ist«. Er verschleiert seine Frauen, isst kein Schweinefleisch, trinkt keinen Alkohol und will täglich beten. Dafür braucht er neue Moscheen, und das ist doch auch sein gutes Recht in einem Land, das die Ausübung einer Religion jedem Bürger zusichert. Doch der eigentliche, viel wichtigere Megatrend ist genau das Gegenteil. Nach einer Umfrage von Emnid aus dem Jahr 2009 gaben sechsundsechzig Prozent der als »Muslime« gezählten Menschen an, sie würden nicht täglich beten, darunter auch fünfzehn Prozent, die sich als kaum gläubig bezeichneten und angaben, sie würden nie beten, und andere fünfzehn Prozent, die angaben, nur einmal im Jahr zu beten, so, wie das Protestanten und selbst Atheisten praktizieren, die einmal im Jahr bei einem Urlaubsflug beten, wenn ihr Flieger in Turbulenzen gerät, durch ein Gewitter fliegt oder beim Landeanflug ins Schlingern gerät.

Immer mehr Menschen, die wir Muslime nennen, üben ihre Religion kaum aus, nehmen sich nur ein paar Teile raus, die sie mögen, andere praktizieren sie gar nicht. Das nennt man Säkularisierung, die Verweltlichung der Religion, die Hinwendung der Menschen zur wahren Welt. Und die ist beim Islam in vollem Gange.

Der Religionswissenschaftler Michael Blume zeigt genau das in seinem Buch *Islam in der Krise*. Er selbst ist Christ und zufällig mit einer Muslima verheiratet, die allerdings den deutschen Muslimtest auch nicht mehr bestehen würde, und beide stehen genau für das, was ich in diesem Buch als Frieden bringend ansehe. So gaben bei der Erhebung »Religionsmonitor« im Jahr 2013 zweiundvierzig Prozent aller Muslime an, sie würden sich nicht an einer, sondern verschiedenen religiösen Traditionen orientieren. Das entspricht dem neuchristlichen Empfinden vieler Menschen, die sagen: »Na, einen Gott wird es schon geben, aber die Kirche erzählt Quatsch.« Die einen fühlen sich der Schöpfung bei einem Waldspaziergang nah oder beim Blick auf die Brandung des Meers, andere sind der Meinung, man könne einen Parkplatz beim Universum bestellen, also einen für den Besuch des Stadtzentrums am Nachmittag. Religion als Büfett, von dem sich alle nehmen dürfen, was ihnen gefällt.

Immer mehr Muslime wenden sich auch angesichts von islamistischem Terror und Gewalt von ihrer angestammten Religion ab. Damit führt der Extremismus zum Gegenteil von dem, was er bezwecken will. Zwar gibt es immer wieder Väter, die ihren Töchtern schon mit zwölf Jahren oder jünger ein Kopftuch aufsetzen, aber das sind ohnmächtige Zuckungen von Veteranen einer schrumpfenden Religion. Denn auch diese Mädchen gehen in die Schule, lernen Freunde kennen, die mit dem Islam nichts am Hut haben, und lernen vor allem ihre Rechte kennen, das auf einen Schulabschluss ebenso wie das Recht, als Erwachsene selbst zu entscheiden, was sie machen, wen sie lieben und welchen Beruf sie ergreifen wollen. Die Chance des Vaters, zu verhindern, dass seine Tochter Ärztin wird, stehen schlecht. Und am Ende wird auch vom Islam nur das übrig bleiben, was sich beim Christentum bis heute großer Beliebtheit erfreut: Feiertage und leckere Speisen.

Auch was Religionen betrifft, ist es wichtig, dass wir das »wir« und »ihr« so weit wie möglich einebnen. Einer meiner besten Freunde ist Schulleiter einer Berufsschule. Als sich muslimische Schüler an ihn wendeten mit der Bitte um einen Raum für Gebete, tat er genau das. Keinesfalls wollte er einen Raum, in dem Ungläubige keinen Zutritt hatten und sich die einen von den anderen abgrenzten. Er taufte die Suche nach einem Nutzungskonzept »Raum der Ideen«, mehrere Hundert Schülerinnen und Schüler konnten Vorschläge einbringen, und auch das Aufstellen eines Kickertischs in diesem Raum wurde angedacht, schließlich ist Fußball definitiv eine Religion.

Der deutsche Staat könnte die Bevorzugung der evangelischen und der katholischen Kirche beenden, für die er die Mitgliedsbeiträge eintreibt. Es gibt keine Trennung von Staat und Kirche, wenn der Staat eine Kirchensteuer erhebt. Alle anderen Religionsgemeinschaften müssen ihre Beiträge selbst eintreiben, das ist ganz einfach mit einem Dauerauftrag der Mitglieder oder einer Einzugsgenehmigung. Wann wird die Trennung von Staat und Kirche in Deutschland endlich vollzogen?

Beim Schreckgespenst der Islamisierung ist es beruhigend, sich auf den Megatrend zu besinnen, dass der allergrößte Teil der Muslime nichts mit Extremismus am Hut hat und wenig bis gar nicht religiös ist. Das ist der Trend, der sich weiter verstärken wird. Doch es gibt nicht nur bei den Islamisten Rückzugsgefechte. In Bayern ließ Markus Söder Kruzifixe in allen Amtsstuben aufhängen. Ich war überrascht, dass dies die deutschen Gesetze zulassen. Ich dachte, auf Behördengängen betet man immer ein Bild des Bundespräsidenten an.

Nun, da ich Ihnen vom Schrumpfen des Islams und der Verweltlichung der Muslime erzählte, würde ich mich freuen, wenn Sie bei Ihrem nächsten Streifzug durch die Nachrichtenwelt dieser These folgen. Das geht leichter im Internet, wo Sie selbst die Themen aussuchen können, als mit der Zeitungslektüre, da Zeitungen immer auf das nächste Drama setzen. Wenn wir uns leichtfertigerweise nicht stärker mit Büchern und Gesprächen beschäftigen als mit den Nachrichten, dann gehen wir in die Falle, uns täglich mit dem zu befassen, was die Medien gerade für das Thema des Tages halten. Zum Beispiel die Frage, ob Jerusalem die Hauptstadt Israels sein sollte oder die von Palästina. Auch diese Frage ignoriert die wichtigste Tatsache, nämlich dass Jerusalem schon jetzt sowohl zu Israel als auch zu Palästina gehört. Deshalb ein Gegenvorschlag: Wieso kann Jerusalem nicht die Hauptstadt von Israel *und* Palästina sein? Gute Hauptstädte sind für alle da. So ist Berlin nicht nur die Hauptstadt der Deutschen, sondern zugleich auch die Hauptstadt pampiger Busfahrer. Eine ebenso idiotische Frage der Woche, wie dafür gemacht, uns von wichtigeren Gedanken abzuhalten, ist diese: »Gehört der Islam zu Deutschland?« Tja, oder vielleicht Sackhüpfen und Cappuccino mit Sprühsahne?

Warum werden uns ständig Fragen in den Kopf gepflanzt, die keine sein sollten? Wenn etwas zu Deutschland im positiven Sinn gehört, dann, dass Religion heute, nach Jahrhunderten voller Grausamkeiten, endlich das ist, was sie sein sollte: eine Privatsache.

Die Befreiung von der Mühsal

Die Arbeit mit einem freien Tag zu feiern,
darauf kommen nur die Deutschen.

Wie hart die Menschen schon in der Jungsteinzeit dem Strukturwandel in Europa mit seiner zunehmenden Automatisierung unterworfen waren, zeigen Funde auf einem Feld in der Nähe von Flintbek im Kreis Rendsburg-Eckernförde. Uralte Furchenspuren konnte man dort freilegen. Sie deuten darauf hin, dass schon um das Jahr 4500 v. Chr. in der Landwirtschaft Hakenpflüge eingeführt worden waren, die ersten Pflüge überhaupt. Nicht nur hier, sondern auch in den Niederlanden und Dänemark fand man solche Furchen. Hakenpflüge waren aus Holz und wurden hinter einem Ochsen hergezogen, eine wirklich sensationelle Erfindung. Die Schattenseite dieser Technologisierung im Ackerbau: Die vielen Männer, die bis dato den Boden mit Grabstöcken, bloßen

Händen und unter lautem Fluchen aufgerissen hatten, waren plötzlich arbeitslos. Inzwischen fand man auch den Grund des Ärgers im Schweizer Kanton Luzern: einen original Hakenpflug, ebenso alt wie die Furchen in Nordeuropa. Hatte vielleicht ein Schweizer Geschäftsmann das Ding zu einer jungsteinzeitlichen Landwirtschaftsmesse in den Norden gebracht und damit eine Erfindung, um Arbeitslose zu produzieren? Lange bevor jemand anderes die Gewerkschaften erfinden konnte? Was tun? Es gab auch noch keine Sozialdemokraten, die anreisten, sich auf den Acker stellten und riefen: »Wir werden dafür sorgen, dass die Bodenaufwühler von Flintbek ihren Arbeitsplatz behalten!« Einige konnten eine Fortbildung zum Hakenpflug-Schreiner machen, andere mussten sich etwas ganz anderes suchen und landeten in der Trichterbecher-Produktion. Denn der Norden Europas stand damals unter dem Einfluss der sogenannten Trichterbecherkultur, einer Zivilisation, die zahlreiche Innovationen ersann und trotzdem gerade wegen ihrer Kunst, schöne Trinkgefäße herzustellen, in Erinnerung blieb. Ich möchte das als ganz besonders lobenswerte Kulturleistung würdigen, wenn es nicht die Kriege, sondern die Trinkgefäße sind, was am meisten erinnert wird. Wer die Landwirtschaft automatisiert, hat Zeit für so was. Dank des Pflugs waren zwei bis drei Personen in der Lage, mehr fruchtbaren Ackerboden zu schaffen als vorher ein ganzer Haufen schlecht ausgerüsteter Leute. Leider konnten all jene, die nun auf die Herstellung von Hakenpflügen aus Holz umschulten, nur so lange Arbeit finden, bis die Pflüge dann im Mittelalter von Schmieden aus Metall hergestellt wurden. Schmiede waren ursprünglich das, was heute die ITler sind, Fachleute, die einen völlig neuen, geheimnisvollen Werkstoff schmieden und damit schon wieder für Arbeitslosigkeit sorgen. Schmiede konnten Nägel hämmern. Mit ihnen konnte man Bilder an die Wand hängen, und schon waren all die Bildhalter arbeitslos, die in den besseren Haushalten in den Ecken standen und Bilder hochhielten, wenn der Hausherr einen Blick auf sie werfen wollte. Das ist natürlich Quatsch, solche Bildhalter gab es nie, aber dafür endlos viele andere Jobs, die sich alsbald als überflüssig erweisen sollten, wie der des Ausschellers. Er zog im Auftrag der Gemeinden mit einer Glocke durchs Dorf und verkündete laut den Termin des nächsten Schützenfestes und den Tag, an dem das nächste Mal die gelben Säcke vor die Tür gestellt werden mussten.

Die Geschichte der überflüssig gewordenen Berufe ist so umfangreich, dass man sich fragt, wieso die Leute heute überhaupt noch Arbeit haben, nachdem so gut wie alle Berufe wieder abgeschafft wurden. Ich hätte Lust, ein Museum der ausgestorbenen Berufe zu eröffnen. Wer nach dem Mittelalter in der Frühen Neuzeit in Europa als Abtrittanbieter arbeitete, war gewissermaßen der Vorläufer von Sanifair. Der Abtrittanbieter rief, zum Beispiel auf den Straßen Wiens, den Satz: »Wer

will, der mag einischeißen.« Stellte sodann einen mitge-
führten Holzeimer vor sich und umhüllte den Kunden
mit einem großen Mantel, um ihn vor neugierigen Bli-
cken zu schützen. Dabei hatten die Römer tausendfünf-
hundert Jahre zuvor schon die öffentlichen Toiletten
mit Wasserspülung und Abflusskanäle erfunden. Das
sollten wir nie vergessen, jetzt, wo Italien zum Sorgen-
kind Europas geworden ist und unserer Hilfe bedarf.
Viele Jahrhunderte lang kam der Fortschritt von dort,
und wir hinkten hoffnungslos hinterher. Würden die
Italiener auch nur einen Eurocent als Lizenzgebühr für
die Nutzung der von ihnen erfundenen lateinischen
Buchstaben erheben, wäre das Land nicht nur schuldenfrei, sondern das reichste Europas. Wir verwenden sie
bis heute für lau. Andere römische Erfindungen wie die
Toiletten mit Wasserspülung waren schon im Mittelalter wieder vergessen, und so schüttete man sämtliche
Fäkalien einfach aus dem Fenster in die Gassen, mit ent-
setzlichen Seuchen als Folge. Später, in der Zeit der Abtrittanbieter, war es zumindest verboten, öffentlich auf
der Straße seine Notdurft zu verrichten. Erst am Ende
des 18. Jahrhunderts mussten sich die Abtrittanbieter
einen neuen Job suchen. Vielleicht fanden sie noch eine
Anstellung als Hutschenschleuderer auf dem Jahrmarkt,
um dort Schiffsschaukeln mit Muskelkraft ins Schwin-
gen zu bekommen, bis dies im 20. Jahrhundert der Elek-
tromotor übernahm. Kein Problem, denn zu der Zeit er-
blühten auch die Kinos, und es gab allein in Deutschland

mehrere Hundert Kinoerklärer, die live die Stummfilme kommentierten. Hier sind wir schon fast in einer Branche angekommen, die wohl auch in Zukunft dauerhaft Bestand haben wird, der Kunst. Schauspieler wird es immer geben, ganz egal, ob ihre Arbeit im Theater, als Stummfilm, Farbfilmrolle, im Farbfernsehen oder als Angebot bei Netflix konsumiert wird, obwohl auch hier ein Teil der Jobs von den Menschen auf animierte Figuren, Comichelden und Avatare übergegangen ist. Mit einer Umschulung zum Kohlentrimmer, jener harten Tätigkeit, bei der man auf Dampfschiffen die Kohle zu den Schiffsheizern bringen musste, hatte man dagegen wieder auf einen Beruf gesetzt, der mit Einführung des Schiffsdiesels, der ganz von alleine vom Tank zum Motor lief, genauso ausstarb wie jener des Schiffsheizers selbst. In den Häfen von Hamburg, Rotterdam und Antwerpen gab es lange Zeit Zehntausende Jobs. Pansenklopper lebten vor allem von ihrer Gestankszulage, sie schleppten mit Salz konservierte Tierhäute von den Schiffen und mussten das Salz an Rosten abklopfen. Auch die Schauerleute traten in großen Gruppen auf und schleppten Säcke und Kisten an und von Bord, doch schon die Erfindung des Dampfkrans machte einen Teil wieder arbeitslos, vom Container und der Europalette wollen wir gar nicht reden. Auch der Job als Reepschläger, also in der Produktion von Tauen und Seilen, dem die berühmte Reeperbahn ihren Namen verdankt, wurde bald von Maschinen schneller und besser erledigt, sodass viele Reepschläger zu gemeinen Schlägern wurden.

Immer wenn wir von Arbeitsplätzen reden, geht es nicht um Arbeit. Arbeit an sich ist kein Selbstzweck. Wenn es nur darum ginge, dass die Leute Arbeit haben, könnten einfach alle halb so schnell arbeiten, und schon würde sich die Arbeit verdoppeln, wie schön! Es geht darum, dass die Arbeit erledigt wird, gründlich, schnell und günstig. Das nennt man Effizienz, und die Steigerung der Effizienz durch technischen Fortschritt, nicht durch Ausbeutung von Menschen, ist der Weg zu einer Gesellschaft, in der immer weniger Menschen für die Produktion benötigt werden und der Wohlstand für alle wächst. Menschen, die früher im Ackerbau beschäftigt gewesen wären, kümmern sich heute um die Elektrifizierung, eröffnen ein Restaurant oder bringen als Comedians andere Menschen zum Lachen. Alles Dinge, die das Leben lebenswerter machen und für die früher keine Zeit war, da fast alle auf dem Feld arbeiten mussten, um nicht zu verhungern. Das Schöne daran, auch wenn der Verlust des Arbeitsplatzes für Betroffene immer sehr hart sein kann: Spätere Generationen haben einfach etwas Neues, anderes gemacht, dessen Nutzen für die Gesellschaft größer war als jener der Berufe, die man nicht mehr brauchte. Wenn wir bedenken, dass in vorindustrieller Zeit fast die gesamte Bevölkerung in der Landwirtschaft arbeitete und am Anfang des 20. Jahrhunderts nur noch achtunddreißig Prozent, weil bis dahin ein Bauer schon vier Menschen mit Nahrung versorgen konnte, dann heißt das vor allem eines: Die rund sechzig Prozent der Bevölkerung, die früher ebenfalls auf dem Acker schufteten und sich schließlich dank besserer Pflüge, der Erfindung von Traktoren und Mähdreschern woanders bewerben mussten, waren frei, um sich in der Produktion von Eisenbahnwagons, Autos und dem Fernmeldewesen einzubringen und so all die angenehmen Dinge zu schaffen, die es noch nicht gab, als noch alle auf den Acker mussten. Heute erzeugt ein Landwirt im Idealfall genug, um hundertvierunddreißig Menschen zu versorgen. Deshalb haben die Leute überhaupt die Zeit, sich in der Entwicklung künstlicher Intelligenz zu engagieren. Doch obwohl immer wieder Arbeit durch Menschenhand von Pflügen, Dampfmaschinen oder Scannerkassen ersetzt wurde und dieses Phänomen schon in der Jungsteinzeit seinen Anfang nahm, reagieren die meisten, wenn es sich wiederholt, als passiere es das erste Mal. Das Dilemma: Der Schritt von Menschen, die nicht mehr im Kohlebergbau arbeiten müssen, sondern stattdessen Apps programmieren, dauert meist eine Generation. Davor kommt die Generation, die ihren Job im Bergbau verloren hat und nicht mal eben auf ITler umschulen kann. Diese Menschen werden einfach arbeitslos. Mit ihnen verarmen die Nachbarschaften, gehen die Bäcker und weitere Läden pleite, veröden die Fußgängerzonen der kleinen Städte. Und angesichts ihrer Misere liegt doch der Schluss nahe, dass es falsch und ungerecht ist, dass Leute, die immer pünktlich zur Schicht erschienen sind, plötzlich ihren Arbeitsplatz verlieren sollen. Und so findet sich immer ein Politiker, der sich vor die Menge stellt und den Erhalt der Arbeitsplätze verspricht. Bei diesen Reden darf ein oft benutzter Satz nicht fehlen: »Sozial ist, was Arbeit schafft.« Er gehört zum Repertoire fast aller Parteien, trotz seines fragwürdigen Ursprungs. Erstmals soll er von Alfred Hugenberg 1933 gesagt worden sein. Als Chef der Deutschnationalen Volkspartei ebnete er den Weg für die Machtübernahme durch Hitler. Der Diktator sorgte in der Tat für Arbeit, indem er Autobahnen bauen ließ, einen Weltkrieg anzettelte und ganz Europa verwüstete. Ich glaube, niemand hat mehr Arbeit geschaffen als dieser Massenmörder, die Arbeit des Wiederaufbaus in Europa ist bis heute nicht abgeschlossen, wer mit einem offenen Auge durch meine Heimatstadt Hamburg fährt, kann immer noch zahlreiche Baulücken aus dem Bombenkrieg sehen. Er muss wahnsinnig sozial gewesen sein. Zerstörung schafft immer die meiste Arbeit.

Arbeit an sich ist kein Wert, sondern eine Last. Wer am Sonntag zu Hause auf dem Sofa sitzt und Arbeit schaffen will, muss einfach alle Schubladen ausschütten, schon kann man den Rest des Tages aufräumen. Auch ein Vollbad einzulassen und noch während der Wasserhahn läuft ins Kino zu fahren, weil man es vergessen hat, schafft Arbeit. Die meisten Menschen, die zur Arbeit gehen, freuen sich vor allem darauf, wenn sie diese unterbrechen oder beenden können. Nicht Arbeit ist das Wort, das Menschen elektrisiert, sondern das so deutsche Wort Feierabend. Auch das Wort Arbeitslosigkeit beschreibt nicht das eigentliche Problem. Es ist nicht die Arbeitslosigkeit, die die Menschen fürchten, sondern die mit ihr einhergehende Geldlosigkeit. Übrigens: Die reichsten Europäer haben ihren Reichtum nicht erarbeitet, sondern stets geerbt.

Ist ein Beruf erst einmal ausgestorben, so erscheint es uns häufig absurd, dass es diesen überhaupt einmal gab. Wieso mussten Zehntausende von Männern morgens zum Hafen gehen und ihren Rücken mit dem Schleppen zu schwerer Stückguts ruinieren? Wo es doch so einfach und schnell mit Containerbrücken erledigt werden kann? Aber wenn wir nur ein bisschen unseren Blick für die heutige Arbeitswelt schärfen, müssten wir viele Berufe sehen, die es bald nur noch im Museum der ausgestorbenen Berufe geben wird. Wann werden wir endlich begreifen, dass rund die Hälfte der heutigen Jobs bald so überflüssig sein werden, dass wir uns wirklich an den Kopf fassen und sagen: »Mein Gott, das musste mal jemand machen? Absurd!« Ich finde es zum Beispiel absurd, dass wir rund zweitausend Jahre nach der Erfindung von Münzen und Geldscheinen immer noch mit ihnen in der Tasche rumlaufen und in Läden diese Münzen und Scheine über den Tag gesammelt, am Ende des Tages gezählt und zur Bank gebracht werden, die sie wiederum zählt, obwohl das alles Bezahl-Apps auf dem Handy erledigen könnten. Gerade Banken sind die Holzpflug-Produzenten kurz vor der Erfindung des Metallpflugs. Es ist geradezu irre, wie Banken daran festhalten, dass es ein unbefristetes Geschäftsmodell sein könnte, Geldbeträge hin- und herzuschicken, was im elektronischen Bereich bedeutet, im Auftrag des Kunden eine E-Mail zu schicken. Eine Banküberweisung ist nämlich nichts anderes als eine E-Mail. Das kann doch eigentlich jeder selber, oder? In Kenia mausern sich schon jetzt die Telefonanbieter zu Banken, denn nichts ist einfacher, als die Handyrechnung als ein Bankkonto anzusehen, auf dem sich sowohl Forderungen, zunächst nur für das Telefonieren und SMS, als auch Guthaben, nämlich die monatliche Einzahlung, befinden. Warum in dieser Handyrechnung nicht zusätzliche Forderungen von Dritten und weitere Einzahlungen auflisten? Kenianer brauchen keine Sparkasse mehr, sie schicken sich gegenseitig Geld per SMS.

Das früher durch den Hakenpflug produzierte Getreide ist bis heute Grundlage für das Brot, das in den Regalen unserer Supermärkte liegt. Bis in die Siebzigerjahre des letzten Jahrhunderts befand sich zwischen diesem Regal und den Menschen, die es kaufen wollten, ein unüberwindbarer Tresen, hinter dem eine Verkäuferin stand, die uns das Brot aus dem Regal reichte, wenn wir auf es zeigten: Ja, das links, nein, das. Wir kennen das Prinzip aus der Bäckerei bis heute, wo es sich hartnäckig hält, obwohl Brot- und Brötchenverkäufer, die im Sekundentakt mit Backwaren und dreckigem Bargeld zu tun haben, hygienisch fragwürdig sind. Bis in die Siebzigerjahre waren jedoch sämtliche Waren hinter dem Tresen verbarrikadiert, bis die Albrecht-Brüder für ihre Aldi-Märkte eine Idee aus den USA übernahmen. Seitdem dürfen die Kunden ihre Waren selbst aus dem Regal nehmen, und ein Verkaufsladen kann mit weniger Personal betrieben werden. Dann machte der Scannercode das Eintippen der Preise in Registrierkassen überflüssig, und es wird nicht mehr lange dauern, bis jedes Produkt im Supermarkt einen kompostierbaren Chip bekommt. Mit ihm auf jeder Packung werden sämtliche Preise in einer Erfassungsschranke am Ausgang des Ladens in einer Zehntelsekunde erfasst, es macht »Bing«, und es kann bezahlt werden. Da nur freigeschaltete Chips am Ausgang keinen Alarm auslösen, wird es auch für Ladendiebe deutlich schwerer. Wie überflüssig und unnötig eintönig und gesundheitsschädigend wird uns bald der Beruf der Kassiererin erscheinen, wie absurd die Jahrzehnte, in denen sie mit ihren Kolleginnen acht Stunden am Tag Waren über den Scanner ziehen musste? *Piep, piep, piep...* Und trotzdem ist jedes Mal der Aufschrei groß, wenn ein überflüssiger Beruf abgeschafft wird. Und ich meine nicht die Verlagerung von harter Arbeit in Länder, in denen zu geringeren Löhnen geschuftet werden muss.

Für mich als Vielfahrer in deutschen Zügen gibt es

immer wieder ein Problem, das das Bahnfahren noch etwas unkomfortabler macht, als es eh schon ist. Ich setze mich auf meinen Platz, schlafe ein, und dann weckt mich die Schaffnerin, um meine Fahrkarte zu lösen. Es nützt auch nichts, erst auf die Schaffnerin zu warten, um erst danach einzuschlafen, denn wenn man das macht, kommt sie nicht. Zum Glück haben ITlerinnen darüber nachgesonnen, wie sich das Problem vermeiden lässt, und erfanden eine Funktion auf dem Handy, mit der man sein eigenes Ticket entwerten und somit die Fahrt als angetreten markieren kann. Der Schaffnerin wird dies auf ihrem Gerät angezeigt: Platz 39 in Wagen 7 hat ein Ticket gekauft und dieses entwertet. So kann man einfach weiterschlafen, was für eine geniale Idee. Dank der Digitalisierung wird das Leben einfacher, theoretisch. In der Realität sieht das allerdings so aus: Ich setze mich auf meinen Platz, entwerte das Ticket auf meinem Handy, schlafe ein, dann rüttelt die Schaffnerin an meiner Schulter, weckt mich mit dem Satz »Fahrkarte, bitte!«, schaut auf ihr Display und sagt: »Ach, Sie haben ja schon eingecheckt, alles klar, danke.« Als Frank-Walter Steinmeier 2018 eine volldigitalisierte Handyproduktion in China besuchte und ihm der Produktionsleiter erklärte, kein Mensch dürfe die Fabrik betreten, sonst kämen ja Staub, Schmutz und Chaos hinein, sinnierte der Bundespräsident über die Digitalisierung: »Wird hier nicht der Mensch überflüssig gemacht?« Ich hoffe es! Vor allem, was die Schaffnerin betrifft, die einen weckt. Natürlich wird der Mensch nie überflüssig sein. Roboter können nicht konsumieren, das macht sie als Ersatzbevölkerung unattraktiv. Solange Maschinen keinen Kaffee trinken können, dürfen das die Menschen weiterhin machen, die Maschinen werden ihn nur zubereiten. Fürs Kaffeetrinken wird der Mensch weiterhin gebraucht. Was für eine frohe Botschaft.

Heutige Versuche, durch Protektionismus und Strafzölle die heimische Wirtschaft zu schützen, sind zum Scheitern verurteilt. Kurzfristig kann aber ein Abschotten gegen die Produkte fremder Länder sogar Jobs schaffen. Als Friedrich der Große den Import von Bohnenkaffee verbieten ließ, stellte er mehrere Hundert Männer an, die durch die Städte schlichen und versuchten, den Duft von echtem und damit illegalem Bohnenkaffee zu riechen, um die Übeltäter ihrer gerechten Strafe zuzuführen.

Sinnlose Tätigkeiten sollten digitalisiert werden, die Funktion des Bundespräsidenten steht dabei für mich an erster Stelle. Um die Welt reisen und immer dieselben Sprachhülsen absondern, dafür braucht man nicht einmal einen großen Chip. »Das autonome Fahren wirft noch viele Fragen auf« ist so ein Hülsensatz von Steinmeier. Gesagt, weil ein selbstfahrendes Auto einen Unfall verursacht hatte. Für mich wirft eher das Fahren mit Menschen am Steuer viele Fragen auf. Abgesehen von den viel höheren Opferzahlen, die durch Menschen am Steuer eines Autos verursacht werden, zeigen auch die vollen Straßen: Solange viel zu viele Leute morgens im Stau stehen oder in überfüllten Bahnen stöhnen, um zu einem Büro zu gelangen, in dem sie an einem *Computer* arbeiten, ist die Digitalisierung noch nicht mal im Ansatz angekommen.

Es gibt ja Befürchtungen, das Internet könnte zu viel Wissen über uns sammeln, ich war aber auch schon erschrocken, wie wenig das Internet über mich weiß. Und zwar, als ich online eine Waschmaschine bestellt hatte und mir in den Monaten danach beim Surfen immer wieder Anzeigen von Waschmaschinen angezeigt wurden, während im Hintergrund in der Küche schon die neue lief. Was denkt diese Supermaschine? »Er interessiert sich für Waschmaschinen, vielleicht will er noch eine.«

Es gibt wirklich keinen Grund, sich vor der Macht der Internetkonzerne zu fürchten, wenn ihr geballtes Wissen über mich dazu führt, dass sie mir Anzeigen von Waschmaschinen zeigen, weil ich kurz zuvor eine im Internet bestellt habe. Ich glaube, es gibt keine Gruppe von Menschen, bei denen es unwahrscheinlicher ist, dass sie sich bald eine Waschmaschine kaufen, als jene, die gerade eine gekauft haben. Welche Unternehmen bezahlen Geld für diese Werbung? »Hey, wir zeigen Ihre Waschmaschine Leuten, die gerade eine gekauft haben, denn das sind Leute, die sich wirklich für Waschmaschinen interessieren. Oft sind es Sammler, die auch beim nächsten schönen Modell zuschlagen!«

Trotzdem ist die Digitalisierung der Weg, unser Leben noch viel angenehmer und einfacher zu machen. Wir sollten all jene Revolutionen, die nicht auf den Straßen und Barrikaden erkämpft wurden, sondern als Innovationen in das Leben der Menschen zogen, wie der Hakenpflug, viel mehr würdigen. Wer hat die Menschen eigentlich mehr befreit? Die Revolution der Bauern und Protestanten 1525 oder die Erfindung des Hakenpflugs? Die Erringung des Wahlrechts oder die Erfindung der Waschmaschine? Die Oktoberrevolution 1917 oder die Elektrifizierung Russlands? Weil er es vielleicht schon ahnte, sagte Lenin: »Sowjetmacht, das ist Kommunismus plus Elektrifizierung des ganzen Landes.« Die ersten Germanen mussten noch von Sonnenauf- bis Sonnenuntergang durch die Wälder streifen, um genug Beeren für den Winter zu sammeln, erst durch den Ackerbau wurde der Winter zu einer gemütlichen Zeit vor dem Küchenfeuer. Bis heute müssen Frauen in sehr armen Ländern stundenlang Wäsche am Fluss waschen. Doch wenn die Wäsche in der Maschine gewaschen wird, können diese Frauen lesen. So hat eventuell auch die feministische Revolution nicht mehr für die Befreiung der Frau getan als die Erfindung der Waschmaschine.

Wenn immer weniger Menschen für die Produktion des gesellschaftlichen Wohlstands notwendig sind, drängt sich das Thema eines bedingungslosen Grundeinkommens auf. Es wird kontrovers diskutiert. Was soll um Gottes willen passieren, wenn es viel weniger Arbeit gibt? Ein Blick auf die Geschichte der Arbeitszeit zeigt jedoch, dass dieses Problem schon längst gelöst ist. In Österreich soll es noch 1830 normal gewesen sein, dass ein Arbeiternehmer vierzehn oder fünfzehn Stunden pro Tag schuften musste. So kommt man bei einer Woche mit sechs Arbeitstagen auf eine Vierundachtzig-Stunden-Woche. Im 19. Jahrhundert war in England vom Zehnstundentag die Rede. In Deutschland galt im Jahr 1900 die Sechstagewoche mit zehn Stunden Arbeit pro Tag. Es bedurfte schon einer Revolution wie der von 1918, damit endlich der Achtstundentag eingeführt wurde, allerdings immer noch für sechs Tage pro Woche. 1955 arbeiteten die Deutschen immer noch so lange. Erst in den 1970er Jahren wurde nach und nach, für einige Berufe früher für andere später, die Fünftagewoche eingeführt. Unser Wochenende ist eine relativ junge Erfindung. Gewerkschafter setzten sie mit der Kampagne »Samstags gehört Vati mir« durch. 1970 ist bei den Zeiträumen, über die wir in diesem Buch reden, nicht sehr lange her. In den hundert Jahren von 1900 bis 2000 hat sich die Arbeitszeit pro Tag oder Woche halbiert, die Wirtschaftskraft aber um sechshundert Prozent gesteigert.

Heute stehen wir wieder am Beginn einer technischen Revolution, die unser Leben ebenso umkrempeln wird wie die Erfindung des Pflugs und der Dampfmaschine. Sie hört auf den Namen digitale Revolution, und sie hat wirklich ein Revoluzzer-Gen. Glaubt man den Berufspropheten der Gegenwart, dann wird es in dreißig Jahren keine Verbrennungsmotoren mehr geben, Drohnen werden unsere Bestellungen liefern, und rund ein Drittel aller Deutschen wird sich wegen der Digitalisierung einen neuen Job suchen müssen. Ich bin da etwas skeptischer. Wenn man bedenkt, dass es in Deutschland von der ersten Idee bis zur abgeschlossenen Verbreiterung einer Autobahn von vier auf sechs Spuren rund ein Vierteljahrhundert dauert, kann man davon ausgehen, dass bahnbrechende Umbrüche auch lange genug ausgebremst werden. Als ich jüngst in Lissabon unterwegs war, sah ich den Fortschritt um die Ecke sausen. Die Elektromobilität kam mir in Gestalt unzähliger Menschen entgegen, die auf winzigen Tretrollern mit Elektroantrieb ins Büro fuhren. Ich schreibe Tretroller, damit klar wird, wie die Dinger aussehen, bei denen man indes nicht mehr treten muss, sondern den Fahrtwind genießen kann. Während sich deutsche Konzerne die Köpfe zerbrechen, wie man mit einer Batterie große, schwere Autos auf Autobahngeschwindigkeiten bringen und ihnen eine Ausdauer von vielen Hundert Kilometern einhauchen kann, kommt die wahre Revolution der Elektromobilität von unten. Nach einer verkannten Zeit als »Seniorendrohne« hat das Elektrofahrrad längst seinen Siegeszug angetreten. Für alle, die auf dem Weg zur Arbeit ins Tal fahren und nach Hause den Berg wieder hochmüssen oder auch umgekehrt, ist die zusätzliche Kraft aus der Batterie genau das, was diese Strecke fahrradtauglich macht – oder sie ermöglicht Strecken auf dem flachen Land, die vorher zu weit und damit zu anstrengend waren. Dazu mein persönlicher Favorit, das Elektro-Longboard, also ein langes Skateboard mit Akku unter dem Brett, mit ihm unterwegs zu sein macht sofort glücklich. So surrt bald ein Teil der Menschheit zur Arbeit, auch auf der im Englischen »last mile« genannten Strecke. Das heißt zur U-Bahnstation oder von der Bushaltestelle nach Hause, also den Teil der Strecke, denn man immer latschen muss. Auch hier vergrößert der erweiterte Radius unsere Möglichkeiten enorm. Prognosen sind immer eine heikle Sache, mir scheint jedoch eine Entwicklung mit großer Sicherheit absehbar zu sein, nämlich dass alle digitalen Umwälzungen erst in anderen Ländern stattfinden und erst dann bei uns. Bis auf die erstaunlich tief greifende Energiewende, die in Form von Windrädern und Solarpanelen in Deutschland angekommen ist, während in vielen anderen europäischen Ländern immer noch auf Atomkraft oder Kohleverstromung gesetzt wird, ist es in den meisten anderen Bereichen so, dass der Fortschritt woanders früher kommt als bei uns. Das war schon beim bargeldlosen Bezahlen per Karte so wie auch beim Geldautomaten. Das scheint sich nun beim autonomen Fahren, also in Autos, die ohne Person am Steuer auskommen, zu wiederholen. In Kalifornien sind seit 2018 nach einer langen Zeit, in der Dutzende von Anbietern autonomes Fahren mit »Notchauffeur« vorsahen für den Fall, dass das Auto nicht allein klarkam, echte autonome Autos unterwegs, also solche, die wie von Geisterhand gesteuert vorfahren. Es ist abzusehen, dass sie im Anschluss in Europa zunächst in Norwegen, Schweden, den Niederlanden und anderen innovationsfreudigen Ländern auf der Straße sein werden und dann am Ende auch bei uns. Auch der Weg zu Personendrohnen, auch Drohnentaxi genannt, ist keiner zu einer Science-Fiction-Welt, die es vielleicht einmal in vielen Hundert Jahren geben wird. Es wird eher wenige Jahrzehnte dauern, bis erste und dann immer mehr Drohnen wenige Hundert Meter über den Autobahnen und Einfallstraßen der Städte unterwegs sein werden.

Gerade während ich dieses Buch schreibe, bietet eine Hamburger Firma in Zusammenarbeit mit Ärztinnen und Ärzten Krankschreibungen bei Erkältungen per WhatsApp an. Man muss einen Fragebogen zu den Beschwerden ausfüllen, und führen die Antworten zur typisch harmlosen, aber unangenehmen Erkältung, bekommt man für neun Euro einen Krankenschein für den Arbeitgeber. Die Ärztekammer lädt gerade ihre Kanonenrohre, um diesen Fortschritt zu zerschießen, so, wie es der Taxi-Lobby mit dem Fahrdienst Uber gelungen ist. Dabei ist wirklich alles besser als der Zwang für Angestellte, sich mit einer Erkältung ins Wartezimmer eines Arztes zu setzen und lange zu warten, um dann von ihm nach einer circa dreiminütigen Untersuchung einen Krankenschein zu erhalten.

Wenn all jene, die täglich im Stau stehen oder in überfüllten Bussen und Bahnen ins Büro fahren, um dort an einem Computer zu arbeiten, dies einfach zu Hause machen können, werden wir viel neue Freizeit bekommen. Endlich können wir Instrumente spielen lernen, gemeinsam musizieren, alte Nachbarn besuchen und Kuchen mitbringen, Sport treiben oder Bücher schreiben über den Segen des Fortschritts in Europa und die Befreiung von der letzten verbliebenen Mühsal.

Schnöde Welt, bleib mir gestohlen

Heimat ist heute eine Folkloreshow
mit Einwanderern als Darsteller.

Alle in diesem Buch genannten Themen können auch entsetzlich nerven. Nordirland, Großbritannien, Russland, die Türkei – nur Ärger gibt es dort.

Darum möchte ich noch einem Trend nachgehen, der so typisch ist für eine Zeit, in der Europa zu scheitern droht. Bleiben wir doch einfach daheim. Machen wir Urlaub um die Ecke: auf Sylt. Warum in die Ferne schweifen, wenn das Glück doch vor der Tür auf uns wartet?

Angesichts von Terror, Klimaerwärmung und einem Europa, in dem schon in Nachbarstaaten bisher unbekannte rechte Regierungen und Präsidenten im Amt sind, die unbekümmert Grundrechte abschaffen, ziehen es immer mehr Deutsche vor, einfach zu Hause zu bleiben und im Urlaub nicht so weit wegzufahren. Lange

Zeit war das Rote Meer nur einen Katzensprung für uns entfernt. In den Sturm- und Drangjahren von Air Berlin und Ryanair rückten Warschau, Budapest und Barcelona in unsere unmittelbare Nachbarschaft. Mal wurde man für 50 Euro dorthin befördert, mal lockte gar ein Plakat für ein Wochenende in Rom, das angeblich nur 29 Euro entfernt lag. Ja, man war doch schön dumm, wenn man dann nicht dort auch vorbeischaute, hatte man doch noch längst nicht alle europäischen Metropolen bereist, und ganz ehrlich, für 29 Euro kann man ja nicht mal nach Rom trampen, wenn man nur zweimal an der Raststätte isst.

Dazu war es doch geradezu märchenhaft, das Märchen vom vereinten Europa. Es schien so zusammenzurücken, dass man für den Preis einer Monatskarte für den Nahverkehr in Münster oder Oldenburg auch bis nach Riga und Lissabon kam. Heute wird für 29 Euro nicht mal mehr ein Koffer befördert. Die eine Fluggesellschaft ist längst in Konkurs gegangen und wurde aufgelöst, die andere hat zu kämpfen mit Mitarbeitern, die plötzlich eine angemessene Bezahlung verlangen. Und auf den maroden deutschen Autobahnen gibt es täglich den Verkehrsinfarkt, bevor der sommerliche Reiseverkehr überhaupt einsetzt. Wer nun in bester, klimafreundlicher Absicht versucht, als Paar mit zwei Kindern vier Plätze in der Bahn nach Paris zu buchen, wird schockiert vor der Buchungsseite sitzen. Die Preise werden in der Annahme aufgerufen, dass wirklich niemand so bescheuert sein kann, 600 bis 1000 Euro für eine Bahnfahrt nach Paris auszugeben, die zur Hälfte in fast ein halbes Jahrhundert alten Waggons stattfindet, die man einfach weiß anmalen ließ, damit sie irgendwie an einen ICE erinnern.

Dazu haben die Destinationen ihren Glanz verloren. In Paris fanden gleich mehrere schreckliche Terroranschläge statt. Rom ist in den Händen von Rechtspopulisten. Das alte Ungarn, das einst als erstes Land nach vierzig Jahren den Eisernen Vorhang öffnete, hat heute einen neuen Eisernen Vorhang nach Südosten aufgebaut. Wo ist er hin, der gemütliche, alte Gulaschkommunismus, der immer irgendwie attraktiver war als der Rest vom Ostblock? War nicht Budapest das Paris des Ostens? Nun sitzen dort ebenfalls Rechtspopulisten fest im Sattel. In Warschau demontiert die Regierung die Verfassung, und in Barcelona kann es schon bei einem verlängerten Wochenende dazu kommen, dass Madrid Panzer auffahren lässt, während wir versuchen, einen Café cortado zu trinken. Nein danke, dann entfliehen wir doch lieber der schnöden Welt und bleiben einfach zu Hause. Ist die Heimat nicht ein Reiseziel, das wir in den letzten Jahren eh viel zu stiefmütterlich behandelt haben? Deshalb möchte ich in diesem Kapitel ein Experiment betrachten, das immer mehr Menschen bei uns durchführen. Kann man die Probleme der Welt nicht am besten ausblenden, indem man einfach zu Hause bleibt? Hier die Antwort:

Hätte man doch schon früher gewusst, wie lieblich die eigene Küste ist. So empfand es auch Stefan, der einzige wirklich reiche Freund von mir. Er hat ein Reetdachhaus auf Sylt und sagte mir, die Welt könne ihm gestohlen bleiben, er bleibe lieber in Nordfriesland, wo die Luft rein und die Kfz-Versicherung niedrig sei. Als ich im letzten Sommer eine Vorstellung im Friesensaal in Keitum auf Sylt gab, besuchte ich ihn. Wir standen unterm Reetdach auf seiner Terrasse, als ich seinen Vortrag mit der Feststellung unterbrach, dass das Reet auf seinem so typisch nordfriesischen Reetdach gar nicht aus Nordfriesland käme, ja nicht einmal aus Deutschland. Zwar haben die ersten Bauern auf Sylt ihre Dächer noch mit heimischen Schilfhalmen bedeckt, aber seitdem alle reichen Hausbesitzer auf Sylt ein Reetdach haben wollen, stammt es aus der Türkei, Rumänien oder Bulgarien und wird mit dem Truck quer durch Europa gedieselt. Oder es kommt per Containerschiff von den Chinesen, die auch gleich das Feuerholz für den dänischen Kaminofen liefern, denn Holz ist in Nordfriesland ebenso Mangelware. Zwar gibt es noch ein wenig Schilf auf Sylt, aber das steht unter Naturschutz, man möchte ja aus dem Reetdachhaus ins Schilf schauen und nicht wie in Rumänien aus einem gammeligen Wohnwagen, in dem die Reetschneider leben, in das Stoppelfeld abgemähter Schilfflächen. Außerdem ist der Sylter Schilfhalm zu dünn und wächst geschüttelt vom stetigen Wind nicht gerade. Das klappt am Schwarzen Meer besser.

»Egal«, brummte Stefan und ging mit mir in die Küche. »Ich mach dir jetzt einen echten Friesentee, der macht friedlich.«

»Ich wusste gar nicht, dass hier im Norden Tee wächst.«

»Nu lass mal gut sein«, schimpfte Stefan und las von der Packung ab: »Echter Friesentee ...«

»Also wächst er doch hier am Deich?«, stichelte ich.

»Jetzt hör doch zu: Echter Ostfriesentee, original Mischung aus Emden.«

»Aber er kommt aus Indien, steht doch hier: Assam.«

Bevor Stefan mürrisch ins Bett ging, stellte sich noch heraus, dass die Fenster des Hauses aus Polen stammten, wie überhaupt Handwerker aus Polen, der Ukraine und der Türkei beim Hochziehen des Neubaus, der an ein altes Friesenhaus erinnern sollte, beteiligt waren. Die Fliesen der Küche stammten natürlich aus der Toskana. Wir nahmen noch einen Schluck Wein aus Südafrika, aber die Stimmung war hin, als ich sagte: »Mensch, Stefan, wieso stellst du nicht um auf friesische Rotweine, die sollen richtig gut sein, halt von hier.«

Ich fiel am folgenden Tag prompt selbst auf die Heimatfolklore herein, die nicht mehr ist als eine Parodie auf Heimat. Kaum sah ich in Westerland die Wellen auf den Strand brechen, überkam mich ein Appetit auf Fisch. Wo, wenn nicht hier am nordfriesischen Meer, bekommt man frischen Fisch, dachte ich. So begab ich mich zu einem Restaurant. Es schien mit Fischernetzen an den

Decken und zahlreichen Modellen von Leuchttürmen und Schiffen genau die richtige Adresse zu sein, um Fisch aus der Nordsee vor der Tür zu essen. Auf der Speisekarte wurde Pangasius aus Vietnam angeboten, Shrimps aus Thailand oder Filets vom Viktoriabarsch, der aus Tansania, Kenia und Uganda, den an das Ufer des Viktoriasees angrenzenden Ländern, zu fast 100 Prozent exportiert wird, während die Menschen dort mit dem viel billigeren, kleineren und vor allem gräten-reichen Tilapia vorlieb nehmen müssen. Aber was soll man machen, wenn das Filet des Viktoriabarsches so-fort nach Sylt geflogen wird? Dort wird es einem von Kellnern in blau-weißen Schürzen und Kostümen ser-viert, auf denen friesische Namen wie Hinnerk oder Fiete stehen. Diese werden – wie übrigens auch sämt-liche Dirndl für die Heimatfolklore in den Alpen – in Bangladesch von Frauen in 16-Stunden-Schichten ge-näht. Der Kellner in meinem Restaurant stammte aus Trabzon in der Türkei, und die meisten seiner Kollegen kamen von dort oder von der Schwarzmeerküste aus Rumänien, deshalb ist der Slang, den sie einstudiert ha-ben, wenig authentisch. Aber was soll's, sie müssen eh ab Mitte November in die Alpen und spielen dort Bay-ern, bis die Skisaison endet und die Syltsaison wieder anfängt.

Für mich ist diese Internationalität der Heimat aber völlig in Ordnung. Der Pangasius muss auch erst in eine Presse, bis er aussieht wie eine Scholle. Es gibt sicher auch Ausstanzformen mit der Silhouette einer Scholle, wie wir sie vom Keksebacken in der Vorweihnachtszeit kennen. So kann man aus Fremdfisch eine Schollenform ausstechen, die wird dann paniert und gebraten, und merken tut das niemand.

Können wir die Welt vor der Tür lassen? Auch junge Spanier, Italienerinnen und Griechen jobben auf Sylt. Also was ist denn nun noch original, der Strand? Nein, da sich die Nordsee längst entschlossen hat, das dekadente Sylt zu überfluten, versucht man sich dort mit einer Waffe zu wehren, die immer gut geladen ist: Geld. Rund 1,4 Millionen Kubikmeter Sand werden in jedem Jahr aufgeschüttet, um die Stellen der Insel auszubessern, die sich in jedem Herbst die Sturmflut einverleibt. Über 7 Millionen Euro pro Jahr setzt die Insel dafür buchstäblich in den Sand. Ein kurzes Vergnügen, denn die nächste Sturmflut ist stets nur ein paar Wochen entfernt.

Wenn Deutsche dennoch wegfahren – obwohl die ganze Welt längst vor der Haustür auf uns wartet –, dann immer öfter in einer kritikwürdigen Weise: in einem abgekapselten Schutzraum, in dem sie sich zu ihren Reisezielen bewegen, um dort mit ihnen nur kurz und unverbindlich in Kontakt zu kommen, sich aber jederzeit in ihren Kokon zurückziehen zu können. Diesen Kokon nennt man Kreuzfahrtschiff.

Ein Kokon ist ein mit Sekret gebildetes Gehäuse, das dem eigenen Schutz dient. Das Sekret, aus dem Kreuzfahrtschiffe gebaut sind, nennt sich Angst. Angst davor, sich für ein Land als Reiseziel entscheiden und sich dabei richtig auf es einlassen zu müssen. Angst davor, enttäuscht zu werden von windigen Hoteliers oder dem Wetter. Angst davor, sich in fernen Ländern den Magen zu verderben, weshalb man immer im Kokon isst, und wenn die Kellner vor den Restaurants an Land noch so schwungvoll ihre Speisekarten auf der Straße präsentieren. Angst vor Terror und Kriminalität. Bisher hat es noch kein Terrorist auf ein Kreuzfahrtschiff geschafft. Wer an Bord möchte muss sich als Crewmitglied oder Passagier mit einer Bordkarte ausweisen, zudem gibt es für alle eine Sicherheitskontrolle, ähnlich der, die wir vom Flughafen kennen, bei der auch Handgepäck durchleuchtet wird.

Am Pool eines dieser Ozeanriesen befindet man sich eher in Deutschland, auch wenn das Schiff gerade in einem Hafen in Tunesien liegt. Hotels sind da schutzloser. Am 26. Juni 2015 erschoss am Strand vor dem Imperial Marhaba, dem Bellevue Park und dem El Mouradi Palm Marina ein Terrorist 38 Touristen mit einem Maschinengewehr. Während daraufhin der Tourismus in Tunesien zwischenzeitlich ganz zum Erliegen kam und auch die RIU-Gruppe, die zwei der betroffenen Hotels betrieb, erwog, sich ganz aus Tunesien zurückzuziehen, legten die Kreuzfahrtschiffe einfach ab und suchten das Weite. Und das mag einer der wichtigsten Gründe sein, warum Kreuzfahrten so beliebt sind. Auf ihnen kann man um die Krisenherde in Europa und der Welt einfach herumschippern, und das sehr spontan. Das zeigte sich schon im Jahr vor den schrecklichen Ereignissen in Tunesien.

Am 7. Juli 2014 fielen auf die AIDA Diva Metallteile einer Kassam-Rakete, die die Hamas auf Israel abgefeuert hatte. Mitten im Ablegemanöver in der Stadt Aschdod geriet das Schiff in den Beschuss. Zum Glück wurde niemand verletzt. AIDA Cruises verkündete sofort, dass man Israel aus dem Programm streichen werde, was für einen befristeten Zeitraum auch geschah. Nun, es gab ja noch andere schöne Ziele, zum Beispiel die Krim. Doch nach der Besetzung der Krim durch Russland musste auch die Krimseite aus dem AIDA-Katalog gerissen werden. Später Istanbul wegen eines weiteren Terroranschlags auf Touristen. Auch beliebte Mittelmeerinseln wie Lampedusa, Lesbos oder Kos entfielen, da sie zu Zielen der Flüchtlinge aus Syrien, Afghanistan, dem Irak und Afrika wurden. Ja, Herrschaftszeiten, die meisten Gäste auf den Schiffen buchen eine Woche und haben ein Recht auf einen erholsamen Urlaub, aber wie soll man sich entspannen, wenn in Sichtweite Boatpeople mit ihren Rettungswesten winken?

In dem Bild der Kreuzfahrtschiffe, die dieselben Seegebiete durchqueren wie die Flüchtlinge in Not, zeigt sich die ganze schreiende Ungerechtigkeit unseres ramponierten Europas. Auf der Suche nach den letzten wirklich sicheren Destinationen fahren die Schiffe immer weiter in den Norden hinauf, zum Beispiel nach Norwegen, obwohl sich gerade dort einer der größten und grausamsten Terroranschläge Europas ereignete, auf Utøya. »Genießen Sie spektakuläre Naturwunder exklusiv an Bord.« Mit dieser Formulierung preist Hapag-Lloyd die Schiffsreise zu den »Sieben Schwestern«-Wasserfällen im Geirangerfjord an. Die Kataloge von AIDA und Mein Schiff tun dies ebenso, alles »exklusiv« für viele Tausend Urlauber. Der Verkehr auf dem Fjord ist, was Kreuzfahrtschiffe betrifft, größer als der im Hamburger Hafen. Lotsen steigen an Bord, jedes Schiff bekommt einen Slot mit einem bestimmten Zeitfenster. Die einzigen, die das Naturschauspiel nicht mehr gefahrlos bewundern können, sind Kajakfahrer. Im engen Fjord zwischen Felswänden und den Wänden der Kreuzfahrtschiffe kann es zu Strömungen und Schwell kommen, die die Natursportler schnell in große Gefahr bringen können. Dazu sind die Abgase der Schiffe, die gerne dreckiges Schweröl verbrennen, von einer giftigen Mischung, die bei Autos lange schon verboten ist. Sie heizen zudem den Klimawandel an, dank dem man nun aber auch immer weiter nach Norden fahren kann, direkt bis zu den Eisbergen – und, ganz ehrlich, gerade in Zeiten, in denen das Thema Klimaerwärmung in aller Munde ist, ist es doch toll, wenn man einen schmelzenden Eisberg mit dem Handy filmen kann. Schnell hin, solange es sie noch gibt.

Aber ganz gleich, ob man nun auf Sylt mit Kellnern

aus Rumänien oder Rezeptionistinnen aus der Ukraine zu tun hat, die Welt lässt sich nicht mehr ausschließen. Das Deutschland von vor 200 Jahren gibt es nicht mehr. Wir gehören längst alle zusammen. Wir sollten die Rumänen und die Ukrainer im nächsten Urlaub besuchen, denn die Leute dort haben viel zu erzählen. Wenn wir dann beim nächsten Sylturlaub der Rezeptionistin oder dem rumänischen Kellner berichten, dass wir schon mal in ihrer alten Heimat waren, ihre Sehenswürdigkeiten kennen, ihre Traditionen und Spezialitäten, dann werden ihre Augen leuchten. Uns sollte mehr verbinden als ein entfremdetes Arbeitsverhältnis. Wir brauchen mehr »Wir« mit denen, die scheinbar nicht zu uns gehören. Denn dieses neue »Wir« beschert uns dauerhaften Frieden.

Emilia und die Geschichte der Zukunft

Hör mir auf mit Geschichte,
ich interessiere mich nur für die Zukunft.
Unbekannter Schüler von Plutarch,
90 n. Chr.

Jede Errungenschaft, die wir heute genießen, wurde für uns von unseren Vorfahren errungen. Um uns das bewusst zu machen, begleiten wir jetzt eine moderne Frau an einem ihrer ganz normalen Tage und vernetzen sie mit der Geschichte ihrer Vorfahren in Europa. Dafür programmieren wir ihr eine App, die jede Erfindung zeitlich einordnet. Doch zuerst braucht sie einen Namen: Nennen wir sie Emilia.

Als Emilia heute Morgen erwacht, hat sie beste Laune. Von ihrem Bett aus ist es möglich, direkt aus dem Fenster zu schauen, und der Himmel ist blau wie ein Swimmingpool. Sie möchte am liebsten hineinspringen. Ihr

Freund Tim schläft noch neben ihr, aber sie weckt ihn mit einem Kuss und schlüpft in ihre Hose. Wenn wir jetzt schauen, was sie und ihr Leben mit den Menschen verbindet, die in den vergangenen Jahrhunderten und Jahrtausenden gelebt haben, so ist es schon in diesen ersten Sätzen ungemein viel. Der Blick in den Himmel hat sich seit Menschengedenken nicht verändert, wir schauen heute genauso in das Blau wie unsere Vorfahren vor 10 000 Jahren. Auf uns regnet es genauso wie einst auf sie. Dazu schauen wir in den Himmel durch dieselben Augen, die auch in den Gesichtern unserer Vorfahren staunten. Mit unserem Körper gleichen wir ihnen zu 100 Prozent. Wir essen, trinken und schlafen wie sie. Auch wenn Emilia und Tim an diesem Morgen noch miteinander schlafen, passiert dasselbe, was passierte, als sich ein römisches oder germanisches Liebespaar auf ihre Bettstatt legte. Auch Kinder werden bis heute so mühselig und schmerzhaft geboren. Das hat sich seit Urzeiten kaum verändert.

Aber wahrscheinlich wollen Emilia und Tim noch kein Kind. Sie sind jung und verhüten, und damit kommen wir zu all den wunderbaren Erfindungen und Errungenschaften, die unser Leben besser und schöner gemacht haben. Wenn sie Kondome benutzen, sind sie direkt mit dem Jahr 1870 verbunden, als diese bahnbrechende Erfindung des Charles Goodyear serienmäßig auf den Markt kam. Goodyear? Na, so heißen doch meine Sommerreifen. Genau, aber die Erfindung der Vulkanisierung von Kautschuk und damit die Möglichkeit der Produktion von Kondomen geht auf ihn zurück, während der Name Kondom noch von Dr. Condom stammt, einem englischen Arzt, der mangels Kenntnis der Vulkanisierung Hammeldärme empfahl – eine wenig sichere Verhütungsmethode.

Wenn sie mit der Antibabypille verhüten, sind Emilia und Tim mit dem 1. Juni 1961 vernetzt. An dem Tag kam die erste Antibabypille in Deutschland auf den Markt. Sie war, da die Möglichkeit der Frauen, ihre Schwangerschaften selbst zu kontrollieren, ein Tabu war, nicht als Antibabypille auf den Markt gekommen, sondern als ein Präparat gegen Menstruationsbeschwerden. Deshalb wurde sie zunächst nur an verheiratete Frauen verschrieben, und da Emilia nicht verheiratet ist, verbindet sie die Geschichte auch mit all jenen Frauen, die in den Sechzigerjahren in Deutschland dafür kämpften, dass alle, auch nicht verheiratete Frauen selbst ihre Schwangerschaften kontrollieren konnten.

Dass Emilia Hosen tragen kann, vernetzt sie wiederum mit Amelia Bloomer ins Jahr 1851, als diese Amerikanerin erstmalig eine Pluderhose vorstellte, die Frauen unter einem mittellangen Rock tragen konnten, als Ersatz für unbequeme Korsagen. »Bloomer-Kostüm« wurde ihre Erfindung genannt. Aber sie ist nicht nur mit den Frauen verbunden, die es ihr einst ermöglichten, sogenannte Männerkleidung zu tragen, weil dies praktischer ist, sie ist auch direkt verwandt mit jenen, die nun an dieser Stelle weiterkämpfen. Uns verbindet nicht nur mit den Menschen, die vor uns lebten, mehr, als wir denken – auch mit denen, die heute gleichzeitig mit uns leben, nur an einem anderen Ort, verbindet uns einiges. Als Emilia in ihre kurze Jeans schlüpft, zieht auch der 20-jährige Brite Joey Barge kurze Hosen an, denn es sollen dreißig Grad an diesem Tag werden. Er arbeitet in einem Callcenter in Buckinghamshire. Prompt wird er nach Hause geschickt. Großbritannien ist bis heute, was Dresscodes betrifft, förmlicher als das restliche Europa. Eine Armee von Servicemenschen in Krawatten und Bürokostümen strömen jeden Morgen aus der Underground. Da Frauen im Büro kurze Röcke tragen dürfen und die Bestimmungen doch für alle Mitarbeiter gleich sein müssten, stülpt er von seiner Freundin ein kurzes Sommerkleid über und geht damit wieder ins Büro. Der überrumpelte Chef lässt ihn so an den Schreibtisch. Es handelt sich um ein Callcenter. Für gewöhnlich rufen Kunden in einem Callcenter an und kommen nicht persönlich vorbei. Die Leute könnten nackt arbeiten, es würde niemand merken. Joey postet seine verbotenen Shorts und sein Sieger-Kleid im Netz und wird dafür gefeiert. Er schreibt die Geschichte fort, die Amelia Bloomer 1851 begann.

Emilia ist mit ihrem Freund nicht verheiratet, aber sie wohnen zusammen. Das ist in Deutschland erst seit 1975 legal möglich. Der Samstag ist bei uns erst seit 1960 ein freier Tag, und dass sie am Tag darauf ihre Regierung wählen kann, gab es in Deutschland für Frauen erstmalig im Jahr 1919. Als Emilia in die Bahn einsteigt, um in die Stadt in ihr Büro zu fahren, schickt ihre Geschichts-App eine Push-up-Meldung: »Deine S-Bahn fällt nicht aus dem Gleis, da sie spurkranzgeführt ist. Das Prinzip, dass die Räder der S-Bahn innen einen Wulst haben und größer sind als dort, wo ihre Fläche auf dem Gleise aufliegt und sie deshalb die Spur hält, ist 220 Jahre alt. Es wurde im englischen Bergbau um 1800 erstmalig erfunden und eingesetzt und wird bis heute unverändert benutzt, in deiner S-Bahn, aber auch beim ICE. Innovative andere Spursysteme, wie die Magnetschwebetechnik des Transrapids, mit dem Bahnen ohne Rollwiderstand sanft und ruckelfrei 400 Stundenkilometer fahren können, wurden wieder verworfen, und man behielt lieber die Innovation aus dem Jahr 1800 bis heute bei.«

Als Emilia am Potsdamer Platz aussteigt, sieht sie zwei Männer, die Händchen halten und sich zum Abschied auf den Mund küssen, bevor einer von ihnen in die S-Bahn steigt. »Bing«, macht Emilias Handy. »Bis 1994 war Homosexualität in der Bunderepublik Deutschland offiziell strafbar. Erst seit 2017 dürfen Männer in Deutschland Männer heiraten und Frauen Frauen.« Das ist noch gar nicht lange her, denkt Emilia, dabei kommt es ihr so selbstverständlich vor. Als beim letzten Mal am 27. Juli für den Christopher Street Day Straßen gesperrt waren, hatte sie das nur am Rande mitbekommen. Sie kennt sowohl Lesben als auch Schwule in ihrem Bekanntenkreis, auf die Idee, beim CSD selbst mit auf die Straße zu gehen, ist sie nicht gekommen, aber sie ist ja auch nicht lesbisch. Doch genau darin liegt ein Denkfehler.

Wie wir eben gesehen haben, haben im Laufe der letzten Jahrhunderte viele Frauen und auch einige Männer dafür gekämpft, dass Emilia so frei leben kann, wie sie es heute tut. Doch um davon zu profitieren, muss sie selbst keine Feministin sein. Sie könnte aber andererseits auch versuchen, sich für die Rechte von Frauen in Indien einzusetzen, denen es, was ihre Grundrechte betrifft, noch schlechter geht. Die Logik – »Ich bin eine Frau, also kämpfe ich auch für andere Frauen« – ist naheliegend. So hat die Hilfsorganisation Plan International, die viel Geld einsammelt mit dem Versprechen, dass die Spender ein konkretes Kind unterstützen – ihr Patenkind –, ganz auf das Konzept »Frauen helfen Mädchen« umgestellt. Aber warum sollte Emilia sich jetzt für die Rechte von Lesben und Schwulen einsetzen, wo sie doch heterosexuell ist? Sie liebt zwar die kulturelle und soziale Vielfalt in Berlin, aber die Diskussion um die Rechte von Transgender, also Menschen, die sich nicht dem Geschlecht Mann oder Frau zugehörig fühlen, sondern irgendetwas anderem oder etwas dazwischen, liegt ihr fern. Erst 2017, und damit sind wir fast in der Gegenwart angekommen, verlangte das Bundesverfassungsgericht, dass es Menschen möglich sein muss, gegenüber Behörden bei der Geschlechtsbestimmung nicht mehr zwischen Mann und Frau wählen zu müssen, sondern es auch eine dritte Option geben müsse, für alle, die sich weder als Mann noch als Frau fühlen.

Auch Facebook verlangt eine Angabe des Geschlechts, wenn man dort ein Profil eröffnen will, ist aber schon sehr viel weiter. Mehr als sechzig Varianten stehen zur Auswahl, darunter zum Beispiel genderqueer, intersexuell oder androgyn. Das mag manchem lustig erscheinen: Für eine vermeintlich kleine Gruppe von Menschen bedarf es sechzig neuer Geschlechtsbeschreibungen? Emilia kennt in ihrem Bekanntenkreis niemanden, der oder die sich nicht einem der beiden althergebrachten Geschlechtern zuordnen kann. Wozu der Aufwand? Doch Menschen, die sich nicht als Mann oder Frau definieren, haben große Probleme, nicht nur bürokratische, sondern auch seelische. Warum sich nicht die Mühe machen, auch ihre Realität zur Kenntnis zu nehmen und sie genauso zu befreien, wie dies einst mit unterdrückten Männern und unterdrückten Frauen geschah, oder Kinder, die lange keinen Schutz als Kinder genossen? Es ist so einfach, und es ist mehr als eine Geste, es ist Solidarität.

Der evangelische Theologe Martin Niemöller wies auf die Gefahr hin, die droht, wenn wir uns nur für unseresgleichen und nicht für die anderen einsetzen. Er schrieb hierzu diesen eindringlichen Text:

Als die Nazis die Kommunisten holten, habe ich geschwiegen; ich war ja kein Kommunist.

Als sie die Sozialdemokraten einsperrten, habe ich geschwiegen; ich war ja kein Sozialdemokrat.

Als sie die Gewerkschafter holten, habe ich geschwiegen; ich war ja kein Gewerkschafter.

Als sie die Juden holten, habe ich geschwiegen; ich war ja kein Jude.

Als sie mich holten, gab es keinen mehr, der protestieren konnte.

Zum Glück sind die Zeiten in Deutschland nicht halb so dramatisch wie zu der, als Kommunisten, Sozialdemokraten, Juden und Gewerkschafter verschleppt und ermordet wurden. Auch Homosexuelle waren in Gefahr. Die Geschichte des Glücks ist die Geschichte der Befreiung der Menschen. Erst gehörten die Männer in Europa ihren Herren wie ein Gegenstand, als Bauer, Soldat oder Sklave. Doch dann wurden die Männer befreit von Leibeigenschaft und Sklaverei, und viel, viel später auch vom Kriegsdienst. Endlich waren sie frei und konnten so leben, wie sie wollten.

Doch die Frauen gehörten immer noch ihren Ehemännern und Vätern wie ein Gegenstand, konnten nicht entscheiden, wen sie heiraten, ob sie überhaupt heiraten, welchen Beruf sie ergreifen wollten, sie durften von ihren Ehemännern geschlagen und vergewaltigt werden. Doch schließlich, erst lange nach den Männern, wurden auch sie befreit und befreiten sich selbst, und siehe: Freie Frauen sind fröhlicher.

Nach den Rechten des Mannes und den Rechten der Frau entdeckte man die Rechte der Kinder. Sie waren lange Besitz ihrer Eltern, lange Zeit wusste man nicht einmal, dass Kinder Kinder sind. Sie waren kleine Erwachsene. Sie schufteten auf dem Acker und in den Fabriken und waren perfekte Sklaven, da sie sich am wenigsten wehren konnten. Erst spät entdeckte man ihre Rechte, und dass es besser ist, wenn sie spielen, statt zu arbeiten und in eine Schule gehen. Und es war Europa, in dem ab 1592 beginnend im Herzogtum Pfalz-Zweibrücken die ersten Länder die Schulpflicht einführten. Danach, als die Kinder am liebsten auf den neu gebauten Spielplätzen tobten, suchte sich der Geist der Befreiung – ich will ihn mal so nennen, weil er sich immer neue Wesen sucht, die noch auf ihre Befreiung warten – die Homosexuellen. Fast bis in die Gegenwart waren sie in Gefahr, wurden oft ermordet, ins KZ gebracht, bekamen Berufsverbot, durften nicht zu ihrer Liebe stehen und waren unglücklich, weil ihr ganzes Leben illegal gemacht wurde und nur im Geheimen stattfinden konnte. In Anlehnung an Martin Niemöllers Zeilen könnte ein Mann heute sagen:

Als man mich bat, etwas zum Feminismus zu sagen, zuckte ich mit den Schultern. Ich bin doch keine Frau.

Als für mehr Kita-Plätze demonstriert wurde, blieb ich zu Hause. Ich habe keine Kinder.

Als die Schwulen den Christopher Street Day feierten, stand ich im Stau. Was soll das? Muss eine Minderheit die Straße blockieren? Ich bin nicht schwul.

Als die Stadt eine öffentliche Toilette für Transsexuelle eröffnete, dachte ich. Was soll das? Gibt es nichts Wichtigeres?

Als es eine Demo für bezahlbare Wohnungen gab, war ich im Büro. Es betrifft mich nicht. Ich habe eine schöne Wohnung gekauft.

Als ich einen Schlaganfall erlitt, blieb ein Teil meines Körpers gelähmt. Ich brauche heute viel Pflege, musste für die Kosten meine Wohnung verkaufen. Es müsste mehr Pflege geben. Die Pflegeversicherung ist eine Katastrophe. Aber wer sollte dafür eintreten? Die Eltern von kleinen Kindern haben andere Sorgen. Die Frauen versuchen Karriere zu machen. Die Schwulen machen nur Party. Transsexuelle beschäftigen sich nur mit ihrem Geschlecht. Man müsste für bessere Pflege auf die Straße gehen, aber ich kann nicht mehr aufstehen. Ich bin ans Bett gefesselt.

Es kann schneller gehen, als man denkt, dass man plötzlich zu einer hilfsbedürftigen Gruppe gehört, die man bis dahin als die anderen wahrgenommen hat. Niemand ist solidarisch, und das ist ein ganz interessantes Wort. Denn es wäre ja ein simples und naives Motiv, wenn man anderen nur aus Eigennutz hülfe, falls man mal selbst Hilfe braucht. Aber das Wort Solidarität bringt zwei wichtige Dinge unter ein Dach, die zueinandergehören wie Bruder und Schwester. Solidarität ist immer Hilfe für andere, aber dabei stets für jene, die auch die gleichen Werte teilen wie man selbst. Und dieser Wert ist, dass der Grund unserer Gesellschaft freie Menschen sein sollten, ganz gleich, ob es Männer, Frauen oder Menschen sind, die sich keinem dieser beiden Geschlechter zuordnen können, ganz gleich ob Erwachsene oder Kinder. Alle sollen frei darin sein, selbst zu entscheiden, wo sie wohnen, was sie tun und wen sie lieben.

Darum gilt unsere Solidarität auch Näherinnen in Bangladesch und Arbeitern in China. Ein Staat sollte von freien und gleichberechtigten Menschen getragen werden, ganz gleich, ob sie hier schon lange leben oder gerade angekommen sind. Das ist der Grund, warum der kanadische Premierminister Justin Trudeau stets beim Christopher Street Day in Toronto mit auf die Straße ging, obwohl er nicht schwul ist.

Auch wenn es bei uns heute zum Glück nicht mehr um Verhaftung und Schlimmeres geht, in Not kann man immer noch geraten. Zum Beispiel, wenn man sehr alt und auf Pflege angewiesen ist. Oder wenn man zu wenig Geld verdient, um davon leben zu können. Wenn man zu denen gehört, die sich keine vernünftige Wohnung leisten können. Sich für sie einzusetzen erfordert wenig Aufwand und bringt ganz viel. Die Betroffenen wissen, sie sind nicht allein, sondern haben Emilia und uns an ihrer Seite. Denn die Überwindung des »wir« und »die« ist auch für den Zusammenhalt von Jungen und Alten, Gesunden und Kranken wichtig. Gerade als junger Mensch kann man dem Gefühl verfallen, dass man selber jung und stark ist, weil man das sein möchte, während Alte und Kranke beides sind, weil sie irgendwie angestaubt und spießig sind. Die Erkenntnis, dass die Alten von heute die Kinder von gestern waren und die Jugendlichen von heute die Opas von morgen sind, ist schwierig, aber wichtig. Gegeneinander ist Frieden nicht möglich. Auch im Alter von 80 Jahren ohne eigene Kinder ist man noch dazu fähig, die Welt zu einem besseren Ort zu machen – und sei es mit einem selbst gemachten Käsekuchen, den man jedem Nachbarn anbietet, der erschöpft von der Arbeit nach Hause wankt. Wer jung ist und alte Nachbarn hat, sollte unbedingt mal klingeln und fragen, ob alles okay ist oder man was aus der Stadt mitbringen soll. Wenn man sich nicht um die Nähe zu seinen Mitmenschen kümmert, kann auch der Friede zwischen ihnen in Gefahr sein. Gerade die Generation der Mittelalten, die im Job alles gibt, Kinder hat, Unternehmen leitet, es zu so viel gebracht hat, außer zu einem bisschen Zeit für sich selbst, schaut geradezu fasziniert auf Omas, die Zeit haben, Marmelade einzukochen, zu backen und einzumachen. Wir brauchen einander, aber wir müssen uns erst finden. »Jakob und Sarah können bei mir übernachten, wenn deine Frau Fieber hat. Wir bringen ihr dann noch einen Tee runter.« Wer so eine Nachbarin auftreiben kann, wenn die eigenen Eltern und damit Großeltern der Kinder weit weg wohnen, ist überglücklich. Doch wenn junge Menschen »Alter« als eine komische Krankheit ansehen, die vor allem uncoole Menschen anfällt, und solange alte Menschen aufgeben, die Jungen verstehen zu wollen, gibt es ein neues »wir«, und »die« Diktatoren haben es in der Geschichte stets verstanden, junge Menschen aus ihren familiären Strukturen herauszulösen und ihnen dies als Freiheit zu verkaufen. »Jetzt beginnt eine neue Zeit! Aber ihr seid alt und doof!« Dieser Ruf erschallte mit heller Kinderstimme in vielen Küchen der NS-Zeit oder des Stalinismus. Der Bemerkung: »Ihr Alten habt ja keine Ahnung« folgte meist noch der Satz: »Ist denn wenigstens mein Hemd für die HJ gewaschen?« Mit einer isolierten Jugend kann man gut Kriege anfangen, aber umgekehrt können auch isolierte und frustrierte Alte rechte Parteien wählen. Auch heute werden Alte nicht mehr ernst genommen, weil sie sich nicht mit dem Internet und den neuesten elektronischen Gadgets auskennen. Dabei weiß jeder etwas, das wir nicht wissen, man muss nur zuhören. Wenn die einen den anderen die Smartphones einrichten und die Funktionsweise von WhatsApp und der Handy-Navi erklären, bekommt man es vielfach zurück mit Hausrezepten gegen Fieber, alten Geschichten aus der Zeit, als die Welt noch anders war, und alte Männer haben völlig vergessene Fähigkeiten und freuen sich, wenn sie wieder gebraucht werden, sie können Abblendbirnen am Auto tauschen, ohne dass VW dafür 120 Euro kassiert, wissen noch, wie man Pinsel auswäscht, anstatt sie einfach wegzuschmeißen, und einige wissen sogar, wie man mit der Angel in der Ostsee Makrelen fängt und wie man diese in einer alten Tonne räuchern kann. Wer so etwas probiert hat, vermisst sogar sein Smartphone tagelang nicht mehr. Und ganz nebenbei erfahren wir von ihnen, wofür sie schon gekämpft haben, für die 35-Stunden-Woche vielleicht oder gegen die Wiederbewaffnung der Bundesrepublik. Das Leben ist zu kurz und zu schade und der Frieden zu empfindlich, als dass wir uns diese Spaltungen zwischen den Menschen leisten sollten.

Europa für Anfänger

Die Amerikaner drin,
die Russen raus,
die Deutschen am Boden.
Hastings Lionel Ismay

Eigentlich hatte die gesamte europäische Einigung nur ein Ziel: endlich Deutschland zu bezähmen. Es scheint gelungen. Was davor geschah, brachte der US-Comedian Norm MacDonald grandios auf den Punkt, als er einmal in der *Late Show with David Letterman* sagte, er habe keine Angst vor Nordkorea, dem Iran oder Irak. Das Land, vor dem er sich wirklich fürchte, sei Deutschland. Warum? Nun, normalerweise bedrohen Länder vor allem ihre Nachbarn. Aber Deutschland habe am Beginn des 20. Jahrhunderts einen Krieg angezettelt, »und wen hatten sie als Gegner?«, fragte er. Seine Antwort: »Die Welt!« Das habe wirklich noch niemand vorher probiert.

Und nun könnte man ja denken, dass die ganze Welt so einen Krieg gegen Deutschland in fünf Sekunden gewinnt, aber – so Norm MacDonald – im Gegenteil, es war knapp! Und nur dreißig Jahre später haben die Deutschen wieder einen Krieg angezettelt. Wer war diesmal der Gegner? Wieder: die Welt! Manchmal sind es die Comedians, die das Unvorstellbare mit ihrem Humor in Erinnerung holen. So auch der Comedian und Schauspieler Robin Williams, der, in einer deutschen Talkshow von der Moderatorin gefragt, warum es in Deutschland wohl so wenig gute Stand-up-Comedy gäbe, antwortete: »Haben Sie mal darüber nachgedacht, dass Sie alle lustigen Leute umgebracht haben?« Nach dem unvorstellbaren Leid, das die Deutschen einst in ganz Europa und darüber hinaus verursachten, lag es nahe, dass der größte Wunsch der Alliierten war, die Wiederholung dieses Grauens unmöglich zu machen. »Deutschland soll sich nicht noch mal innerhalb von fünfzehn Jahren erholen können«, forderte Stalin und ließ, viel gründlicher, als dies in Westdeutschland geschah, Industrieanlagen auf dem Gebiet der späteren DDR demontieren, inklusive der Gleise. Auch die unter dem unscharfen Begriff Morgenthau-Plan angestrebte, totale Deindustrialisierung Deutschlands ist eine Geschichte, mit der man Deutschen bis heute einen Gruselschauer über den Rücken jagen kann. Wenn ich auf Tour in Mecklenburg-Vorpommern bin, denke ich manchmal, dass – wäre der Morgenthau-Plan umgesetzt worden – ganz Deutschland so aussehen würde wie die Steppe zwischen Schwerin und Greifswald. Die Zweiteilung des Landes, das zuvor im Krieg so unheimliche Effizienz erreichte, erschien schon mal allen Beteiligten beruhigend. Zwei kleine Deutschlands waren sicher ungefährlicher als ein großes. Und doch wurde die DDR nach schwierigen Anfängen zur erfolgreichsten Wirtschaft im Ostblock und die Bundesrepublik in Westeuropa. Deshalb kam man schnell auf die Idee, Deutschlands Wirtschaft besser mit der Westeuropas zu verschmelzen. Und das ist bis heute in vollem Gange, obwohl in Deutschland jeder weitere Harmonisierungsschritt skeptisch gesehen wird.

Im Jahr 2018 wurde in der Europäischen Union »30 Jahre Gurkenkrümmungsverordnung« gefeiert, die wohl legendärste EU-Norm, die in keinem Gespräch über die Wahnsinnigen in Brüssel fehlen darf. Was die wenigsten wissen: 2009 wurde die Regelung wieder abgeschafft, es gibt also seitdem keine Vorschriften zur Gurkenkrümmung mehr, jeder Laden in Europa darf wieder krumme Gurken verkaufen. Im Deutschlandfunk durfte ich zu diesem Thema Stellung nehmen. Der Titel der Sendung lautete: »Mischt sich die EU zu sehr in unser Leben ein?« Man erwartete von mir Hohn, Gags und Empörung über die Regelungswut in Brüssel, und der Redakteur war überrascht, in mir jemanden gefunden zu haben, der das Ganze positiv sah. Meine Meinung ist: Bitte misch dich noch viel mehr ein, liebe EU, und lass uns nicht mit unseren nationalen Politikern allein, denn heute kommt der Fortschritt aus Brüssel und der Stillstand aus Berlin. Als 2009 die Glühbirne zunächst mit hundert Watt, dann mit sechzig Watt verboten wurde, kauften die irren, nostalgischen Deutschen noch zehn Millionen Glühbirnen, was ist nur los mit uns? Zugegeben, die ersten Energiesparbirnen, gefüllt mit Quecksilber, waren so schwer, dass die klassische Schreibtischlampe trotz Doppelfedern in die Knie sank. Doch erst das Verbot verhalf der LED-Lampe, also der lichtemittierenden Diode, zum Durchbruch. Die alten Glühbirnen haben nämlich nicht Licht, sondern hauptsächlich Wärme emittiert. Heute haben wir siebzig Prozent weniger Stromverbrauch bei der Beleuchtung, überall, in jeder Fassung, unzählige Stromkraftwerke sind seitdem in Europa überflüssig, danke, Brüssel!

Klare Verbote beflügeln die Innovationsfähigkeit der Industrie. Brüssel verbot auch Staubsauger, die mehr als neunhundert Watt Strom benötigen. Bisher saugten wir gerne mit zweitausend Watt, und die Lampen in der Wohnung wurden etwas dunkler, wenn wir das Strommonster anstellten. Heute bewerben alle Hersteller ihre Staubsauger mit fünfhundertfünfzig oder sechshundert Watt mit dem Satz: »Saugt wie zweitausend Watt.« Also, geht doch. Und wieder können wir in Europa zwölf Kraftwerke abschalten, warum es nicht tun, wenn es so einfach ist?

2017 trat das endgültige Verbot von Roaminggebühren beim Mobilfunk in Kraft. Seitdem telefonieren wir aus Spanien oder Italien zum gleichen Tarif wie zu Hause, dafür einen besonders dicken Dank, liebe EU. Gerade hier zeigt sich, dass die Harmonisierung und der Abbau von Zollschranken gut für den Frieden sind. Die Roaminggebühren waren ein Relikt aus dem letzten Jahrhundert, als das Wort Roaming noch gar nicht erfunden war. Leuten mehr Geld abzunehmen, weil sie über eine unsichtbare Grenze telefonieren, die sich nur noch in Landkarten findet, ist ein alter Zolltarif. Grenzüberschreitender Handel wurde immer zum Anlass genommen, dass man an der Grenze die Hand aufhielt. Das Bizarre bei den Roaminggebühren war, dass es längst keine Grenzer mehr gab, keine Schlagbäume und auch keine Gebühren auf handfeste Waren, die zum Beispiel von Deutschland nach Frankreich geliefert wurden. Nur die Mobilfunkanbieter dachten sich: »Ha, über die Grenze telefonieren, da können wir extra absahnen.« Aber nur bis Brüssel sagte: Dürft ihr nicht. Was passiert, wenn sich die EU nicht einmischt, zeigt sich zum Beispiel bei Aufladesteckern von Handys oder Laptops. Jeder Hersteller hat eigene und ändert diese auch noch selbst alle fünf Jahre. Nichts passt zusammen, und Apple, Samsung und Co. verdienen in Europa Milliarden nur mit den Aufladekabeln.

Jetzt geht es weiter mit dem geplanten Verbot von Plastikstrohhalmen und Kaffeerührstäbchen. Wieder sind die Deutschen geschockt. Gibt es schon Hamsterkäufe von Plastikstrohhalmen? Unabhängig davon, wie groß der Effekt des Verbots sein wird, es ist völlig unnötig, dass Strohhalme und Kaffeeumrührer aus Plastik sind. Sie können aus Stroh oder Pappe sein. Dann halten sie ins Meer geworfen vielleicht eine Woche durch. Ich halte es für gut, dass sie sich in Brüssel über diese vermeintlich nebensächlichen Themen Gedanken machen, denn genau das sollten wir alle tun.

Die EU hat Deutschland verklagt, weil ein Drittel unserer Böden nitratverseucht ist. Und dann gleich noch mal, weil unsere Luft zu viele Stickoxide enthält. Die sollen laut Umweltkommissar Karmenu Vella für den Tod von vierhunderttausend Menschen verantwortlich sein. Und wir sagen uns in Deutschland, egal, wir müssen doch irgendwie zur Arbeit kommen.

Gerade die leidige Dieselgeschichte, bei der sich die deutsche Regierung weigert, die Industrie für ihren Betrug zur Rechenschaft zu ziehen, zeigt, dass wir viel mehr EU brauchen und nicht weniger. Ein Verbot von Pkws, die mehr als fünf Liter verbrauchen, würde die Industrie beflügeln. Ein komplettes Verbot von Verbrennungsmotoren ab 2030 auch. Wer, wenn nicht die EU, würde sich das zutrauen? Vielleicht das Heimatmuseum von Horst Seehofer? Nein, dorthin gehören der Diesel und die 100-Watt-Glühbirne und der 2000-Watt-Staubsauger, als Erinnerung an die schlechte alte Zeit, als sich die EU noch nicht einmischte.

Diese wunderbare Geschichte, Europa als unser gemeinsames Haus zu begreifen, begann 1957, als in der Hauptstadt Italiens die berühmten Römischen Verträge geschlossen wurden, die hauptsächlich eine enge Kooperation in der Wirtschaft und Kernenergie anstrebten sowie längerfristig eine Zollunion. Dabei saßen sich mit der Bundesrepublik Deutschland und Italien auf der einen und Frankreich, Luxemburg, Belgien und den Niederlanden auf der anderen Seite Täter und Opfer des Zweiten Weltkriegs, der gerade erst zwölf Jahre her war, an einem Tisch gegenüber. Da sich schon während des Zweiten Weltkriegs abgezeichnet hatte, dass der spätere Gegner der Westalliierten Russland sein würde, liefen alle weiteren Integrationsschritte für die Westdeutschen in Westeuropa unter dem berühmten Motto: To keep the Americans in, the Russians out and the Germans down. Also eine Strategie, die Amerikaner in Europa, die Russen draußen und die Deutschen am Boden und damit in Schach zu halten.

Seit der Gründung der Bundesrepublik Deutschland im Jahr 1949 blieben die Deutschen bescheiden und brav, wenn sie auch gerne vor sich hin meckerten. Das Experiment scheint geglückt. Allerdings habe ich den Verdacht, dass wir einfach alles mit unserer gefürchteten Gründlichkeit machen. Die Welt war entzückt, wie die Deutschen im Sommer 2006, der als Sommermärchen in Erinnerung gebliebenen Fußballweltmeisterschaft, in der Lage waren, die vielen Spiele reibungslos zu organisieren und Tausende Gäste aus dem Ausland zu den Spielen zu transportieren und unterzubringen. Doch mit derselben Effizienz organisierten sie auch die Feldzüge des Zweiten Weltkrieges.

Wenn man die Deutschen auf ein wirklich erstrebenswertes Ziel, wie den Ausbau der erneuerbaren Energien, ansetzt, dann machen sie es mit beeindruckender Effizienz. Dieses mit zweiundachtzig Millionen Einwohnern große Industrieland erzeugt seinen Strom im Jahresschnitt inzwischen zu fast vierzig Prozent aus Wind- und Sonnenergie. An schlechten Tagen ist der Anteil natürlich viel geringer, aber es gibt auch Tage, an denen das ganze Land seinen privaten und gewerblichen Strom zu achtzig Prozent aus Wind und Sonne gewinnt. Ein innovatives Husarenstück der Deutschen, die mit Exporten von knapp über tausendvierhundert Milliarden Euro im Jahr 2017 auf Platz drei der größten Exportnationen der Welt landeten, hinter China und den USA. Dabei produzieren die zweiundachtzig Millionen emsigen Deutschen fast so viel wie die mit rund dreihundertachtundzwanzig Millionen Einwohnern viermal so großen USA und immer noch zwei Drittel der Exportmenge von China, immerhin zwölfmal so groß wie Deutschland, was die Einwohnerzahl betrifft. Zurzeit widmen sich die Deutschen bevorzugt der Demokratie und der Exportwirtschaft, doch mit derselben Gründlichkeit organisierten sie einst die Rüstungsindustrie und den Vernichtungskrieg. Sie waren dabei stets innovativ, effizient, zuverlässig, beharrlich, pflichtbewusst und bereit, Entbehrungen zu ertragen für ein gemeinsam empfundenes Ziel. Es lohnt sich zu schauen, welche typischen weit verbreiteten Eigenschaften der Deutschen bis heute für den Frieden gefährlich werden könnten.

Die »Volksgemeinschaft« gegen Andersdenkende

Die totalitäre Idee der »Volksgemeinschaft« war bei den Faschisten ebenso ein Instrument zur Gleichschaltung wie im Kommunismus und ist in den meisten deutschen Köpfen bis heute erhalten geblieben, wenn auch unter anderen Vorzeichen. Die »Volksgemeinschaft« hatte ein gemeinsames Ziel, zum Beispiel den Aufbau des Nationalsozialismus oder des Kommunismus. Alle ziehen gemeinsam an einem Strang. Wer nicht mitzieht, ist automatisch ein Feind dieser Gemeinschaft und damit auch automatisch in Gefahr, ausgegrenzt, verhaftet oder ermordet zu werden. In Ländern wie den USA zum Beispiel gibt es eine andere Tradition. Dort sehen sich größere Teile der Einwohner als Gegner des Staats. Aktive Nachbarschaften übernehmen Aufgaben, für die bei uns schon nach dem Staat, also der »Volksgemeinschaft« gerufen wird. In Frankreich hat sich bis heute die Tradition erhalten, dass das Volk regelmäßig eine Revolution gegen das Establishment anzetteln muss, wie zuletzt

2019 bei den Gelbwestenprotesten geschehen. Dieser gewaltsame Aufstand mit brennenden Barrikaden – zunächst als Protest gegen eine Ökosteuer auf Benzin und Diesel – ließ mich ahnen, was in Deutschland los wäre, ginge es nur halbwegs französisch zu. Denn die Franzosen fahren zum großen Teil französische Fabrikate. Hätte es in Frankreich einen vergleichbaren Skandal mit manipulierter Software für die Abgase gegeben wie den, der in Deutschland Autofahrer umtreibt, die in teuren Fahrzeugen sitzen, die allesamt bald ihre Zulassung verlieren, und dazu einen Staat, der die kriminelle Autoindustrie unterstützt, was hätten die Franzosen wohl gemacht? Ich sehe brennende Autohäuser, blockierte Autobahnen und ein Kanzleramt, vor dem Protestierende ihre Volkswagen anzünden. Das wäre ein Aufstand des Volks gegen das Establishment. Nichts davon kann man bei uns beobachten. Denn wenn die Gemeinschaft ein gemeinsames Ziel hat, dann ist der einzelne Deutsche bis heute bereit, dafür Entbehrungen in Kauf zu nehmen. So muss man hierzulande auch die höchsten Strompreise Europas hinnehmen. Gibt es nennenswerte Proteste dagegen, dass deutsche Familien viele Hundert Euro mehr für Strom im Jahr bezahlen müssen als französische? Nein. In Deutschland ist der gefühlte Staat die Gemeinschaft aller Menschen. Es scheint eine tief verwurzelte Eigenschaft hierzulande zu sein, dass man politischen Streit nicht aushalten kann und sich danach sehnt, dass endlich alle an einem Strang ziehen.

Diese Eigenschaft wäre ein guter Nährboden für ein totalitäres Regime. Wie schnell man ausgestoßen wird, notiere ich deshalb akribisch. In einer Gesprächsrunde wurde ich Zeuge, wie jemand bekannte, seinen Müll nicht zu trennen, ihm wurden ernsthafte Vorwürfe gemacht. Als die Frau meines besten Freundes nach der Geburt ihres Sohnes keine Lust verspürte, schnell wieder arbeiten zu gehen, sondern sich lieber ganz dem Muttersein widmen wollte und sich verbat, dass der durchaus willige Gatte zu Hause blieb, brachte ich das bei einem Abendessen einmal ins Tischgespräch mit ein: »Also Stefans Frau möchte nicht, dass er Elternzeit nimmt.« Das Entsetzen war groß. Ich habe volles Verständnis, wenn Frauen schnell wieder in ihren Beruf zurückwollen und wenn Männer ihren Teil an der Kindererziehung einfordern. Sicher ist das Kinderkriegen bis heute für viele auch eine berufliche Bremse, aber Stefans Frau hatte keinen Job, in dem sie groß Karriere machen konnte und wollte. Sie hatte einfach keine Lust mehr auf ihre Arbeit. Aber wenn sie selbst vor anderen eingestand, lieber Mutter als berufstätig zu sein, löste dies Entsetzen aus. Sie wurde als Verräterin am Ziel der Frauengemeinschaft bezeichnet, nach der Geburt möglichst schnell wieder in den Beruf zurückkehren zu können.

Ist eine Frau, die sich hauptsächlich um die Kinder kümmert, wirklich eine Verräterin am Feminismus? Oder wird sie das nicht erst, wenn sie Andersdenkende verurteilt? Um der totalitären Falle des Gemeinschaftsgedankens zu entgehen, ist für mich die größte und wichtigste Aufgabe für die Deutschen, Unterschiede auszuhalten. Meinungen, die der eigenen völlig entgegenstehen, zu akzeptieren. Das klingt leichter, als es ist. Denn wenn man hört, dass Leute ihren Müll nicht trennen, auf dem Behindertenparkplatz parken, ohne behindert zu sein, den menschengemachten Klimawandel infrage stellen, dann ist die Bereitschaft groß, diese Menschen in ein Umerziehungslager zu stecken, würde es denn solche Lager geben. Deswegen gibt es einen Tipp für den Frieden, den vor allem Deutsche beherzigen sollten: mehr Meinungsunterschiede akzeptieren.

Ein Beweis, dass wir dazu nicht in der Lage sind, ist die Erfindung des Worts Klimaleugner. Es ist zum einen unscharf, denn die damit bezeichneten Menschen leugnen nicht, dass es ein Klima gibt, sondern eine durch die Menschheit verursachte Erwärmung des Klimas. Doch das Traurige, Unselige und vor allem Unangemessene an diesem Wort ist, dass es sprachlich verwandt ist mit dem Wort Holocaustleugner. Wenn man bei Google nur das Wort Leugner eingibt, reihen sich Quellen zu Holocaustleugnern und Klimaleugnern munter nebeneinander. Diese beiden Themen haben aber auch gar nichts nebeneinander zu suchen. Was den Holocaust betrifft, existieren keinerlei Zweifel, dass es ihn gab – weshalb sein Leugnen aus gutem Grund gesetzlich verboten ist. Haben die Erfinderinnen der »Klimaleuger« etwa ge-

dacht, den Druck auf Leute, die nicht an den Klimawandel glauben wollen, dadurch zu erhöhen, dass sie
deren abweichende Meinung auf die Stufe der Unge-
heuerlichkeit eines Leugnens des Holocaust stellen?
Aber dort hat die Diskussion um den Klimawandel
nichts zu suchen. Auch wenn die Klimaskeptiker in ihrer
Meinung falsch liegen sollten, wir müssen abweichende
Meinungen zulassen. Wir nennen auch Katholiken nicht
Urknallleugner, Esoterikerinnen nicht Wissenschafts-
leugnerinnen oder Fans von Helene Fischer nicht Gute-
Musik-Leugner. Meinungsunterschiede auszuhalten ist
eine wichtige soziale Übung für Deutsche, weil wir darin
großen Nachholbedarf haben und es für den Frieden
wichtig ist.

Und wenn wir die notwendige Gelassenheit aufbringen, auch zu akzeptieren, dass einfach immer ein Teil
der Leute Quatsch erzählt, haben wir, weil wir uns nicht
mehr darüber aufregen müssen, mehr Zeit für die wichtigen Dinge. Etwa für einen Tag, der wie kein anderer
für den Anfang eines friedlichen Europas steht, auch
wenn der Weg dorthin bitterer nicht hätte sein können.
Ich meine den 8. Mai. Was könnte das für ein schöner
Feiertag sein! Jedes Jahr sollten am 8. Mai von Lissabon
bis Tallin, von Inverness bis Neapel alle freihaben. Es
gäbe Hupkonzerte, Schweigeminuten, Menschenketten,
Tanz und Feiern mit den Enkeln der Generation, die damals gezwungen wurde, sich gegenseitig umzubringen.
Aber wieso ist der 8. Mai bisher in Deutschland kein Fei-

ertag? In Frankreich wird er gefeiert, einen Tag später, am 9. Mai, begeht man in Russland das Kriegsende. Warum sträubt sich die deutsche Regierung? Weil wir damals den Krieg verloren haben? Deutschland hat 1945 den Frieden zurückgewonnen.

Bei einer Veranstaltung zum Europatag lernte ich einen sehr freundlichen Mann kennen, Jahrgang 1945, der mir erzählte, dass seine Mutter auf der Flucht mit ihm schwanger war. Ihr sei gesagt worden: »Das Kind verlierst du eh.« Und nun sang dieses inzwischen zweiundsiebzigjährige Kind in einem Saal mit vielen anderen die Europahymne.

Der Frieden ist alles, und ohne Frieden ist alles nichts.

Der Geistesblitz: Die Netten werden die Welt retten

Eine Lüge ist bereits
dreimal um die Erde gelaufen,
bevor sich die Wahrheit die Schuhe anzieht.
Mark Twain

Und eigentlich kann es doch nicht so schwer sein, an Europas Erfolgsgeschichte anzuknüpfen, auch wenn es im Moment an allen Ecken und Ende hakt. Denn eines ist doch offensichtlich: dass unsere Erde dafür geschaffen wurde, dass wir eine gute Zeit auf ihr haben.

Schon auf unserem Nachbarplaneten Mars ist dies unmöglich. Mit im Schnitt minus 55 Grad Celsius würden hier nur Russinnen und Eskimos eine Woche verbringen wollen. Zwar könnten sie dank der schwachen Gravitation große Sprünge machen, aber wohin sollte man schon springen wollen? Der Mars ist dünner besiedelt als die Steppen zwischen Schwerin und Anklam.

Man kann sich dort nur eine Erkältung holen, und zieht man dann auf die Venus um, wird es richtig heiß. Auch wenn uns die Sorge um die Klimaerwärmung auf der Erde in Panik versetzt, auf der Venus ist sie wirklich dramatisch. An manchen Tagen wird es fast fünfhundert Grad heiß. Zwar kühlt es nachts um rund dreiundsechzig Grad ab, aber auch bei vierhundertsiebenunddreißig Grad findet man im Bett keinen Schlaf, wälzt sich hin und her, bis das eigene Blut kocht und man wie ein Spiegelei gebraten wird. Das gefährliche Treibhausgas CO_2 bildet achtundneunzig Prozent der Atmosphäre, als habe Donald Trump auf der Venus seit hundert Jahren regiert. Dabei werden Venus und Mars noch erdähnliche Planeten genannt. Es ist zwar schwer vorstellbar, aber auf den anderen Planeten sind die Lebensbedingungen noch lausiger. Pluto, ganz am Rande der Gesellschaft, hat so wenig zu bieten, dass ihm im Jahr 2006 auf einer Versammlung von Astronomen, angeführt von Jocelyn Bell, kurzerhand der Planetenstatus aberkannt wurde. Als ich ein Kind war, in den Siebzigerjahren, wurde er noch als Planet gezählt, aber wir hatten ja nichts nach dem Krieg. Seit 2006 also nur noch großer, kalter Stein, fieser Brocken – oder wie es die Astronomen noch fieser sagen: Zwergplanet. Ich finde schon das Wort »Zwergkaninchen« diskriminierend. Aushalten lässt es sich auf keinem Planeten, bis auf einen. »Möchten Sie lieber verbrennen oder erfrieren?«, steht in den Wohnungsannoncen von Venus und Mars. Um diese schockierenden

Lebensbedingungen zu vergessen, nehmen wir in Gedanken kurz unter einer Palme auf Guadeloupe Platz, schlagen eine Kokosnuss auf und schauen ins rund achtundzwanzig Grad warme, türkisfarbene Wasser. »Venus und Mars gehen gar nicht«, simsen wir an eine Freundin, die gerade in den Alpen zum Skilaufen weilt und die SMS am Kaminofen liest, während sie eine warme Kartoffelsuppe löffelt. »Ha ha, das ist doch bekannt«, antwortet sie. »Melde mich später. Wir wollen noch im Mondschein rodeln.« Genau, das ist bekannt. Die Erde ist der bisher schönste bekannte Platz im Universum. Ein toller Ort, um eine wunderbare Zeit zu verbringen, und man muss sich schon wirklich idiotisch anstellen, um das nicht zu schaffen. Doch wenn eines absolut sicher ist, dann dies: *Die Menschen haben es geschafft.*

Deshalb stellen wir uns jetzt mal vor, die Welt sei eine Hotelsuite. In ihrem Bad duschen wir unter Wasserfällen, baden in Seen und können aufs Meer hinausschwimmen. Drehen wir den Wasserhahn auf, rauschen Amazonas und Nil in unsere Hände. In unendlich vielen Zimmern können wir entscheiden, ob wir lieber im Iglu im Schnee schlafen oder unter Laubbäumen, an warmen Stränden oder auf der Dachterrasse in einem Hochgebirge, von der aus die Sterne noch schöner erscheinen als in jedem anderen Zimmer. Doch kaum ziehen die Gäste ein, gibt es sinnlosen Streit. Man kennt das, wenn eine Klasse im Schullandheim ankommt. Es gibt Auseinandersetzungen, wer in welchem Bett schlafen darf.

»Ich war zuerst hier!«, hört man aus jeder Ecke. Zum Glück sind Schulkinder nicht bewaffnet und können nur mit Kissen schmeißen. Erwachsene haben Waffen. Sie plündern die Minibar und verteidigen jedes Zimmer mit Gewalt gegen jene, die später ankommen. Als jemand in die Badewanne gepinkelt hat, kann man nicht mehr in ihr baden. Wie kann man nur so bescheuert sein?

Anstatt die Vielfalt zu genießen und sich mit allem zu beschäftigen, was uns umgibt, verwenden die Bewohner dieser Suite den größten Teil ihrer Energie darauf, zu überlegen, ob es einen Gott gibt, der Architekt des Hotels gewesen sein könnte. Und wenn man sich eine hanebüchene Erklärung zusammengezimmert hat, hält man sie für die einzig wahre. Gibt es einen Gott? Wozu die manische Konzentration auf eine von unendlich vielen Fragen? Wer hat Meere, Tiere und Pflanzen geschaffen? Wenn mir jemand ein Stück Käsekuchen anbietet, zum Beispiel auf einer Party, und sich nicht herausfinden lässt, wer ihn gebacken hat, reicht es mir zu sagen: Der Käsekuchen schmeckt fantastisch, ist saftig, fruchtig und nicht zu süß, und wer auch immer ihn gebacken hat, der Schöpfer dieses Kuchens ist ein Menschenfreund. Ich weiß übrigens auch nicht, wer die Welt gebaut hat. Das weiß niemand. Mit dieser Spannung müssen wir leben. Ich weiß nur, dass mein Sohn, der jetzt neun Jahre alt ist, mich neulich bei einer Autofahrt seltsame Dinge fragte. Ich hatte ihn gebeten, noch etwas zu schlafen, weil die Reise noch andauern und vor allem der Abend für ihn lang werden sollte. Doch er sagte nur: »Ich will nicht schlafen. Ich will die Welt sehen.« Poetischer könnte man nicht ausdrücken, dass man aus dem Fenster gucken will. Ich habe schon mehrmals erlebt, dass ich von Kindern anscheinend ebenso viel lernen kann wie sie von mir. Einmal fragte ich ihn in einem spontanen Anflug: »Sag mal, wenn ich mal im Krankenhaus bin, würdest du mich besuchen?« Seine Antwort enttäuschte mich: »Nö.« Mir war schon klar, dass Kinder spannendere Dinge machen können, als im Krankenhaus bei jemandem am Bett zu sitzen. Das ist ja auch schrecklich langweilig. Auf der anderen Seite war ich jedoch etwas enttäuscht, dass ich also nicht mit ihm rechnen könnte, wäre ich mal ins Krankenbett gezwungen. Es kränkte mich, und ich erwiderte. »So, du würdest also deinen Vater nicht im Krankenhaus besuchen?« – »Nö«, wiederholte er und fügte dann leise hinzu: »Ich will dich nicht besuchen. Ich will immer bei dir sein.« Auf so etwas Schönes kommt man als Erwachsener gar nicht. Als wir nun also mit dem Auto übers Land fuhren, fragte er unvermittelt: »Papa, wer hat die Welt gebaut?« Und ich antwortete zunächst: »Niemand, das war ein Urknall. Also so eine Explosion, alles drehte sich, dann bildeten sich Kugeln, auch die Erde, und irgendwann kamen aus den Meeren Tiere und wurden zu Menschen, verstehst du?« Doch er fragte nach: »Aber wer hat die Welt gebaut?« Nur um Ruhe zu haben, sagte ich schließlich: »Der liebe Gott hat sie gebaut, in sieben

Tagen, erst das Meer, dann die Tiere, zum Schluss uns.«
Ihn schien diese Antwort irgendwie mehr zu befriedigen, und ich war enttäuscht, dass ich als Atheist die Evolutionstheorie nicht anschaulicher erklären konnte. Heute denke ich, so absurd die Vorstellung ist, ein Gott habe in sieben Tagen mit dem Handwerkerset vom Baumarkt die Welt geschreinert, so absurd ist es auch, zu behaupten, dass die Schönheit, die uns täglich umgibt, zufällig entstanden sein soll. Den wichtigsten Einwand gegen einen Gott jedoch teile ich: Er ist nie da, wenn man ihn mal braucht, und deshalb gibt es ihn wahrscheinlich nicht. Ein Gott, der kleine Kinder im Mittelmeer ertrinken lässt, ist böse. Und das ist die schlechteste Voraussetzung für diesen Job. Mit dieser Eigenschaft vergeigt man schon das Bewerbungsgespräch. »So, Sie wollen also die Stelle als Gott?« – »Klar!« – »Und sind Sie denn besonders barmherzig?« – »Ha ha, nein, das Schicksal der Leute ist mir völlig schnuppe, aber die Sache mit der Macht, das wäre was für mich.« Oder er ist zwar gut, aber nicht allmächtig, und das ist auch eine wichtige Bedingung für diese Tätigkeit. Wenn er nicht allmächtig ist und Ertrinkende, Kranke und Hungernde nicht einfach aufsammeln und an einen besseren Ort bringen kann, ist er nicht besser als wir, ein netter Streetworker, der leider nicht in allen Straßen gleichzeitig sein kann, wohlwollend, aber hilflos. Doch was, wenn die wunderbaren Architektinnen unserer Welt – ich glaube ja, wenn überhaupt, müssen es weibliche Wesen gewe-

sen sein – zwar göttlich, genial und mächtig waren, aber im Moment einfach nicht da sind, weil sie sich gerade darum kümmern, einen anderen der mehrere Hundert Milliarden Planeten in unserer Milchstraße zu einem angenehmen Ort zu machen? Was, wenn die Götter – wie der Zimmerservice im Hotel – die Suite zwar hergerichtet, die Bettdecken aufgeschüttelt und die Minibar aufgefüllt haben in der Erwartung, dass die Bewohner dieses Luxusresorts dort eben eine gute Zeit haben werden, und sich nun in einer anderen Etage des Hotels befinden und dort die Minibar auffüllen, während wir unsere Suite ruinieren und darüber lamentieren, dass uns niemand hilft, wenn wir uns gegenseitig umbringen?

Bei all der nervenaufreibenden Suche nach dem großen »Warum?« wird eines gerne übersehen, was doch so offensichtlich ist: Wir haben als Menschen selber Macht. Wir können mit dieser Kraft in unserer Umgebung Schöpfer oder Zerstörer sein. Wir können ein Nachbarschaftsfest organisieren und dabei in die leuchtenden Augen der Nachbarn schauen, die lange nicht mehr eingeladen wurden, oder wir können sie verklagen, wegen irgendwas, da lässt sich schon was finden. Wir können andere in den Arm nehmen oder sie schlagen, wir können Gott oder Teufel sein – wir haben bei allem die Wahl. Mit uns sollte die Welt wirklich rechnen. Wer zieht denn die Frau aus dem Meer, wenn sie zu ertrinken droht? Wer gibt den Kindern in Not Brot, wenn sie vor Hunger die letzte Kraft verlieren? Wer rettet den

Mann, der sich mit dem Auto überschlagen hat und verletzt und eingeklemmt um sein Leben ringt? Ein Gott wird nicht da sein, warum auch immer. Aber es gibt jemanden, der helfen kann. Es gibt jemanden, der für Sie kämpft, für Ihr Leben und gegen den Tod. Schauen Sie sich nur um. Wer kommt mit dem Schlauchboot durch die Wellen gerast, um die Schiffbrüchigen zu retten? Wer springt vom Turm und rennt über den Strand ins Wasser, um die Ertrinkende an Land zu ziehen? Wer nimmt das hungernde Kind in den Arm, streicht ihm über den Kopf und gibt ihm zu essen? Zu wem gehört die Hand, die sich nach langem Hilfeschreien in das Autowrack streckt? Es sind gute Menschen. Wer sagt zur Ertrinkenden: »Beruhige dich, ich halt dich fest, es ist vorbei«? Wer sagt den Schiffbrüchigen: »Kommen Sie. Hier sind Sie in Sicherheit«? Wer sagt zum Mann im Auto: »Halten Sie durch. Wir holen Sie da raus«? Wer sagt zum Kind: »Hab keine Angst, wir sind jetzt bei dir«? Es sind immer Menschen, die uns retten. Und auch Sie können ein Retter sein, denn Sie sind auch ein Mensch und haben die Kraft, es zu tun. Verzweifeln Sie nicht, dass Sie nicht bei jedem Menschen in Not sein können. Wenn Sie es schaffen, einem zu helfen, ist das schon eine wunderbare Geschichte. Sie haben so viel Kraft in sich. Entdecken Sie sie.

Auf jeden Fall sind wir genau da, wo wir hingehören, dort, wo wir zu Hause sind. Denn auf der Welt werden uns nicht nur täglich neue Früchte angeboten, die wir genießen sollen, nein, wir sind auch noch selbst eine Frucht. Wie eine Mango können wir für andere da sein und ihnen die Zeit versüßen, das ist unsere Aufgabe. Wer so unausstehlich ist, dass er es nur bis zum sauren Apfel bringt, wird niemanden finden, der in ihn hineinbeißt, und wenn doch, wird er dabei das Gesicht verziehen. In der Art, wie wir essen und ausscheiden, unser Herz schlägt und unser Atem in kalten Nächten vor unserem Gesicht sichtbar wird, und noch mehr in der Art, wie wir uns lieben und unsere Kinder auf die Welt kommen und gestillt werden, ähneln wir so frappierend allen anderen Tieren, dass es überrascht, dass wir uns über sie stellen. Wir sind allenfalls schlaue Tiere. Und in der Art, wie wir wachsen und wieder verdorren und unsere Gestalt als Mensch nur an die nächste Generation weitergeben können, während wir uns selbst in unsere Bestandteile auflösen wie das Blatt einer Buche, das im Herbst auf die Straße fällt, unterscheiden wir uns nicht mal von einem Baum.

Der Kampf für eine bessere Welt, für ein Europa, das weiter zusammenwächst und nicht auseinanderdriftet, ist, wie das Wort schon deutlich sagt: ein Kampf. Und wie schon in aller Breite gezeigt, ohne »wir« und »die« kommt ein Kampf nicht aus, selbst wenn wir uns darauf konzentrieren, wofür wir kämpfen, kristallisiert sich schnell raus, dass das auch bedeutet, gegen etwas zu kämpfen, nämlich gegen das Gegenteil von seinen eigenen Idealen. Wer sich für den Frieden engagiert, engagiert sich natürlich gegen Krieg. In jedem Film gibt es eine tugendhafte Heldin oder einen Helden, der Einfachheit meistens blond wie ein Engel, die gegen das Böse kämpfen, das – um wie im echten Leben Verwechslungen zu vermeiden – von dunkelhaarigen Antagonisten dargestellt werden, die dazu meist schneidig sprechen und dunkel gucken. Also dann versuchen wir jetzt ausnahmsweise zu unterscheiden.

Aber wenn man schon unterscheiden soll, dann nach anderen Kriterien als denen, die einem die Nationalisten, Rassisten und sonstigen Menschenfeinde unter die Nase reiben wollen. Auch hier müssen wir es nicht komplizierter machen, als es ist. Es reicht schon eine ganz simple Unterscheidung.

Die Guten
Friedvolle Menschen, die möchten, dass alle Menschen in Freiheit und Sicherheit leben können, in Solidarität mit anderen und im Einklang mit der Natur.

Die Bösen
Egoistische Menschen, die durch gewalttätige Ausbeutung von anderen Menschen, Tieren und der Natur ihre Macht und ihren Reichtum mehren.

So weit im Wesentlichen die Theorie. In der Praxis können auch die vermeintlich Guten der ersten Gruppe zu Tätern werden. Ich erinnere an ein Ereignis aus dem

Herbst 2015: Als damals fünfundvierzigtausend Flüchtlinge nach Hamburg kamen, war die Hilfsbereitschaft groß. Der Winter stand vor der Tür, und es zeigte sich, dass die gespendeten Winterklamotten nicht zu Flüchtlingen passten. Wintermäntel waren meist groß, die meisten Flüchtlinge eher kleiner. Bald tauchten immer mehr Menschen im Stadtbild auf, die im Schneeregen mit Flipflops und T-Shirt unterwegs waren. Da entdeckte ich bei Lidl eine Winterjacke für 19,99 €. Flugs fragte ich meine Facebook-Freunde, wer mir diesen Betrag überweisen würde, um einem Flüchtling eine neue Winterjacke zu verschaffen. Weit über zweihundert Freunde, Bekannte, entfernte Bekannte und selbst deren mir völlig unbekannte Freunde schickten mir fröhlich Geld zu und sagten mir, dass sie die Vorstellung, ein Flüchtling würde eine von ihnen bezahlte neue Winterjacke anziehen können, mit Glück erfüllen würde. Rund zwei Wochen war ich in Sachen Winterjacken beschäftigt. Dabei erreichte mich die Mail einer Frau, die von der Aktion mitbekommen hatte: »Ey, sag mal, spinnst du? Du willst Flüchtlingen mit Jacken helfen, die andere Ausgebeutete in Bangladesch unter miesen Bedingungen nähen mussten? Ohne mich, ich mache da nicht mit!«

Und schon gehörte ich für sie zu den anderen.

Das Schöne an den Menschen ist, dass sie so unterschiedlich sind. Auch dich gibt es kein zweites Mal. Du bist einmalig. Es gibt etwas, was du besser kannst als alle anderen Menschen auf der Welt. Es gibt ein Thema, bei dem du mehr weißt als alle Menschen auf der Welt zusammen. Wenn du noch nicht weißt, was das ist, finde es heraus. Es ist für jeden Menschen die spannendste und manchmal langwierigste Aufgabe, herauszufinden, wer man eigentlich wirklich ist und was man am besten kann. Man muss gar nicht viel können, um den eigenen Beruf zu entdecken, die Sache, bei der nur du der Experte bist. Viel kennen, eines können. Das hängt eng zusammen, denn du musst viel kennenlernen, um zu entdecken, was du am besten kannst. Dies kann deine Berufung, dein Beruf werden, das, mit dem du dich und andere Menschen beglückst. Um deine Berufung zu finden, probiere viel aus. Lerne Instrumente, treibe Sport, begib dich in fremde Länder. Wenn dir etwas nicht liegt, ziehe weiter, aber vergiss nicht, irgendwo zu bleiben, verliere dich nicht im Ungefähren. Öffne dein Herz für die Dinge, die dich packen, und lass dich dort nieder, denn dort gehörst du hin.

Die Frage, ob es einen Schöpfer gibt, wird wohl ewig unbeantwortet bleiben. Aber eines ist schon jetzt absolut sicher: Jeder Mensch hat die Kraft, selbst Schöpfer zu sein. Wir können frei entscheiden, ob wir in den Wald gehen und Pflanzen pflanzen oder Pflanzen zerstören. Es gab eine Generation, die Europa in Schutt und Asche gelegt hat, und mehrere, die es wieder zum Erblühen brachten.

Wann befreien wir die letzten Unfreien?

Die glücklichen Sklaven sind die
erbittertsten Feinde der Freiheit.

Marie von Ebner-Eschenbach

Mein Tipp an alle, die gerne mal auf Schnäppchenjagd sind: Investieren Sie in Widerstand, denn im Moment kostet er bei uns nichts. Man sollte immer einsteigen, wenn die Preise niedrig sind. In der Türkei ist zwar die Lira günstig, aber der Preis für Widerstand extrem hoch. Schon ein paar negative Äußerungen über den türkischen Präsidenten bei Facebook können dort dazu führen, dass man verhaftet wird. Warum es in Deutschland im Dritten Reich kaum Widerstand gegeben hat, liegt auf der Hand. Neben all den alten und begeisterten neuen Nazis haben sich die restlichen anständigen Menschen einfach nicht getraut. Der Preis für Protest war Gefangenschaft und Tod, da hätte ich auch lieber die

269

Klappe gehalten. Aber jetzt in Deutschland, Frankreich oder Großbritannien nicht in den Widerstand einzusteigen ist dumm. Das Investment an Zeit und Engagement zahlt sich aus, mit Ihnen wird Europa ein besserer Ort.

Die Geschichte des Glücks ist die Geschichte von der Befreiung der Menschen. Mal zogen die Bauern ihren Kopf aus der Schlinge der Unterdrückung, dann haben es in der Industrialisierung die Arbeiter probiert. Parallel fingen die Frauen an aufzubegehren, später Homosexuelle. Wenn diese Befreiungsbewegungen jedoch ideologische Züge annahmen, als Quintessenz ihrer Gesellschaftskritik die Wahrheit postulierten, dass die Ausbeutung der Arbeiter oder der Frauen der Kern der ungerechten Gesellschaft sei, bekam ihr Weltbild bizarre Züge. Kommunisten denken bis heute, allein die Ausbeutung der Arbeiter sei das Hauptproblem in der Gesellschaft. Feministinnen denken, das Hauptproblem sei die Ausbeutung der Frau. Freie Frauen sind fröhlicher, das ist völlig klar. Ich bin auch der Meinung, es wäre schön, wenn es einen landesweiten Feiertag gäbe, wie jetzt in Berlin, der die Befreiung der Frauen feiert. Die letzten systematischen Benachteiligungen von Frauen gehören überwunden. Immer noch gibt es Berufe, die männerdominiert sind, vor allem von der Besetzung von Führungspositionen wie Vorständen ist oft die Rede. Allerdings gibt es auch männerdominierte Berufe wie den des Entbeiners auf den Schlachthöfen, des Kesselreinigers, der in die Tanks von Güterwagen und Lkws steigt, des Kanalarbeiters und vor allem des Klärwerks-tauchers, der in regelmäßigen Abständen zu den Venti-len und Abflüssen am Boden der Klärbecken tauchen muss. Kaum eine Branche ist so männerdominiert wie die absoluten Drecksberufe. Das gilt auch für die Müll-abfuhr. Als bei der Hamburger Stadtreinigung die erste Frau eine Stelle erhielt, war die Sensation so groß, dass in vielen Zeitungen und Fernsehsendungen darüber be-richtet wurde. Die überwältigende Nachfrage nach In-terviews mit ihr führte dazu, dass sie nach kurzer Zeit von der Arbeit freigestellt wurde, um nur noch für Me-dienkontakte zur Verfügung zu stehen. Bis heute ma-chen fast ausschließlich Männer die dreckigsten Jobs, und für mich zeigt das vor allem eines: Auch Männer können Opfer sein. So leben Männer in Deutschland im Schnitt sechs Jahre weniger als Frauen. Auf der Bühne sage ich dann gerne, dass dies der Grund ist, warum Männer für dieselbe Arbeit mehr Geld bekommen müs-sen als Frauen. Sie haben einfach weniger Zeit, es aus-zugeben. Das sorgt immer für große Heiterkeit und Er-schrockenheit zugleich. Dazu leben Gebildete länger als Ungebildete und Reiche länger als Arme. Das heißt, dass ein Mann aus einem sächsischen Dorf, der Naziparolen brüllt, arbeitslos ist und sich am liebsten von Wurst und Bier ernährt, im Vergleich zu einer Professorin aus Ham-burg eine vielleicht fünfzehn Jahre geringere Lebens-erwartung hat. Wer ist da eigentlich das Opfer? Wer benachteiligt? Meines Wissens gibt es keine Regierungsstelle, die sich für die Gleichstellung bei der Lebenserwartung von Männern einsetzt. Dabei ist der Umstand, mehrere Jahre früher zu sterben als andere Gruppen der Bevölkerung, wirklich dramatisch. Was kann man in sechs Jahren nicht alles Wunderbares erleben? Zum Beispiel die Ankunft eines Enkelkinds und die freudige Beziehung als Großvater zu ihm, bis es eingeschult wird. Obstbäume zu pflanzen und noch zu erleben, wie diese Früchte tragen. Ein dickes Buch schreiben. Um die ganze Welt segeln. Lohnt es sich nicht, da diese lebenswerten Jahre in Millionen von Männerleben ausfallen, ein staatliches Gesundheitsprogramm gegen die verfrühte Männersterblichkeit aufzulegen? Wir haben uns so an die Vorstellung von Männern als Täter gewöhnt, dass es bis heute schwerfällt zu begreifen, dass sie auch Opfer sein können. Aber ist es nicht besser, wenn Männer früher abtreten? Würde die Zahl schwerer Autounfälle nicht stark ansteigen, wenn Männer die Möglichkeit hätten, sechs weitere Jahre im Suff herumzufahren, zu schnell, zu riskant? Wenn ein Mann die durchschnittliche männliche Lebenserwartung in diesem Land senkt, indem er schon in frühen Jahren auf dem Heimweg von der Kneipe mit dem Auto gegen einen Alleebaum prallt, dann ist doch die gute Seite daran, dass er in seinen nicht gelebten Jahren wenigstens kein weiteres Unheil mehr anrichten kann. Auf der Suche nach dem Grund für das frühe Ableben von Männern ist eine jüngere Studie zu einem interessanten Ergebnis gekommen. Es gibt wohl kaum genetische Unterschiede zwischen den Geschlechtern, die zu der unterschiedlichen Lebenserwartung führen. Ein findiger Wissenschaftler entdeckte ein Milieu, in dem Frauen und Männer unter weitestgehend gleichen Bedingungen leben: im Kloster. Gleicher Tagesablauf, gleiche Ernährung, gleiche Lebensumstände. Das erhellende Ergebnis: Frauen und Männer leben unter diesen Umständen fast gleich lang, lediglich ein weiteres Jahr springt für die Frauen heraus. Das heißt im Klartext: Männer sterben bei uns im Schnitt mindestens fünf Jahre früher wegen ihrer Art zu leben. Sie trinken zu viel Alkohol, ernähren sich schlecht, machen die anstrengendsten, gefährlichsten und dreckigsten Berufe, gehen zu viele Risiken ein, zum Beispiel im Auto, dafür drücken sie sich vorm Arztbesuch. »Was von alleine gekommen ist, geht auch von allein wieder weg«, lautet eine männliche Begründung für Letzteres. Doch diese Regel gilt nicht beim Tod. Ein wesentlicher Punkt scheint mir auch zu sein, dass Männer sich über alle Gebühr unter Erfolgsdruck setzen und ihre Gesundheit und ihr Leben aufs Spiel setzen, um genügend Geld nach Hause zu tragen. Es gäbe unzählige Möglichkeiten, die Männersterblichkeit zu senken. Warum kann man in Deutschland einen Liter Schnaps mit vierzig Prozent Alkohol für weniger als fünf Euro kaufen? Warum mildert man nicht den Druck auf Männer, im Beruf erfolgreich sein zu müssen? Männer sollten erst ab vierzig einen Führerschein machen können, wenn sie hormonell wieder ruhiger werden. Aber anscheinend ist das Interesse an dem Thema in Deutschland nicht sehr groß, diese dramatische Ungerechtigkeit wird kaum thematisiert.

Ich fordere deshalb eine Ökumene der sozialen Bewegungen. Wenn selbst Protestanten und Katholiken es schaffen, sich an einen Tisch zu setzen und sogar Gottesdienste gemeinsam feiern können, nachdem sie sich jahrhundertelang gegenseitig getötet haben, wieso schaffen es Feministinnen nicht mit Männern und Arbeiterrechtler nicht mit Unternehmern? Es wäre doch so einfach wie klug, sich darauf zu verständigen, die letzten Unfreien zu befreien – und diese können Frauen, Männer, homosexuelle Frauen oder Männer, Menschen, die sich weder als Mann noch als Frau fühlen, Kinder oder Alte sein. Es ist nicht schwer, die verbliebenen Opfer zu finden.

Wer für seine Ideale kämpft, mag den Eindruck haben, einen Kampf gegen Windmühlen zu führen, doch ein Blick in die europäische Geschichte zeigt, dass die sozialen Bewegungen bahnbrechende Fortschritte für die errangen, für die sie sich einsetzten. Und leider viel zu oft vergessen werden die revolutionären Verbesserungen für die Menschen durch die Industrialisierung und den technischen Fortschritt im Alltag – weshalb sie mit einem eigenen Kapitel in diesem Buch gewürdigt werden. Durch den technischen Fortschritt in allen Lebensbereichen konnten auch aus Germanen, die eine Ewigkeit lang nicht viel gemacht haben, Exportweltmeister werden. Die Industrialisierung hat unzählige Länder Asiens aus bitterer Armut in den Wohlstand geführt. Und wer diesen Trend fortschreibt, kann nur zu der ermutigenden Erkenntnis kommen, dass es in fünfzig Jahren keine Armutsflüchtlinge aus Afrika mehr geben und damit der größte Albtraum der Deutschen, es könnten alle Armen der Welt bei uns wohnen wollen, bald erledigt sein wird. Grund für diese Hoffnung ist nicht die Entwicklungshilfe, die über Jahrzehnte nicht die erhoffte Wirkung gezeigt hat, sondern der Umstand, dass sich China seit einigen Jahren massiv in Afrika engagiert und Straßen, Häfen und Flughäfen baut und eine tausendvierhundert Kilometer lange Eisenbahnstrecke in Nigeria. »Aber das machen die doch nur, weil sie es auf die Bodenschätze abgesehen haben!«, ruft da der deutsche Jack-Wolfskin-Jackenträger aus. Genau, das stimmt. China sichert sich langjährige Vergünstigungen bei der Förderung und dem Bezug von Rohstoffen aus Afrika. Altruistischer ist es da sicher, mit subventionierten EU-Lebensmitteln die afrikanischen Märkte zu zerstören, das machen die Chinesen nicht. Mit der neuen Infrastruktur erleben einige afrikanische Länder ihre Auferstehung. Endlich kommen die Menschen dank öffentlicher Verkehrsmittel dahin, wo sie hinwollen, können weiter weg von zu Hause eine Arbeitsstelle annehmen oder wohnen, wo es für sie besser ist.

Das heißt, der Trend ist, dass immer mehr ausgebeutete Lebewesen in den Genuss von Rechten kommen, die nach und nach definiert, dann gefordert, anerkannt und umgesetzt werden. So war es in Deutschland in den Fünfzigerjahren völlig normal, dass der Lehrer die Kinder in der Schule schlug. Eltern durften noch bis in die Achtzigerjahre ihre Kinder schlagen, sie »übers Knie legen«, ihnen eine »Tracht Prügel verpassen«, »den Hintern versohlen«. Inzwischen ist selbst die Ohrfeige verboten. Wer im Supermarkt sieht, wie eine Mutter oder ein Vater sein Kind schlägt oder ihm eine Ohrfeige verpasst, was dasselbe ist, kann die Polizei rufen. Es ist gesetzlich verboten. Nach dem Verbot tätlicher Gewalt ist es nun an der Zeit, sich um weitere Erscheinungen von elterlicher Gewalt zu kümmern. Ist es nicht auch verletzend, seine Kinder anzuschreien? Wer das Muster der Entwicklung der Rechte anschaut, kann zuversichtlich sein, dass es in einiger Zeit auch verboten sein wird, seine Kinder anzuschreien. Auch Stubenarrest, das berühmte »Geh sofort auf dein Zimmer!«, könnte verschwinden. Wir sollten aber nicht der Vorstellung anheimfallen, dass in früheren Jahrzehnten alle Eltern ihre Kinder prügelten, alle Ehemänner ihre Frauen vergewaltigten und alle Lehrer auf ihre Schüler einschlugen. Wir dürfen nicht all die friedlichen Geister vergessen, die auch damals schon mitfühlend, zärtlich und ihren Schutzbefohlenen in Liebe verbunden waren.

Wenn es einem schlechtgeht, ist immer eine strukturelle Benachteiligung schuld daran, wenn es einem gutgeht, ist es Glück. So empfinden viele Menschen. Wieso macht es so blind für die anderen, so rücksichtslos, wenn man selbst auf der Sonnenseite des Lebens steht? Auf, auf! Befreien wir die letzten Unfreien!

Europa ist heute wahr, gut und schön.

Das Wahre

Was ist die Wahrheit? Die Suche nach ihr ist in vielen Berufen das Ziel. Wissenschaftler suchen nichts als die Wahrheit, Gesetze, die immer gelten. Richterinnen suchen die Wahrheit, Ärzte den wahren Grund einer Erkrankung. Dabei ist die Suche nach der Wahrheit eine Reise, bei der wir nie ganz am Ziel ankommen werden, so wichtig die Suche nach ihr auch ist. Sie ist nur die erste Stufe der Erkenntnis. Denn die Wahrheit muss nicht gut sein, sie muss nicht schön sein, die Wahrheit muss nur wahr sein.

Dass eine Liebe vorbei ist, dass man wirklich Krebs hat, dass eine knappe Mehrheit der Menschen in Großbritannien nicht mehr zur EU gehören möchte, das alles ist wahr, aber nicht mehr.

Das Wahre ist wahr.

Das Gute

Das Gute ist die zweite Stufe der Erkenntnis. Das Gute erfüllt gleich zwei Bedingungen, es ist nicht nur wahr, es ist wahr und gut. Zum Beispiel ein Medikament, das dein Fieber senkt. Oder, dass es gut ist, wenn jeder Mensch frei in seinen Entscheidungen ist. Auf Europa bezogen ist das Gute der Frieden. Er ist wahr, weil er existiert und gut, weil er das Beste für die Menschen ist. So mühselig die Suche nach der Wahrheit ist, weil sie oft in einem Nebel von Lügen, Propaganda und Unwissenheit versteckt liegt – bei der Suche nach dem Guten haben wir oft das Gefühl, dass wir selbst wissen, was gut ist.

Das Gute ist wahr und gut.

Das Schöne

Das Schöne ist die dritte und oberste Stufe der Erkenntnis. Finden wir Schönheit, so finden wir etwas, das drei Dinge erfüllt. Es ist nicht nur schön, es ist auch gut und wahr.

Die Suche nach Schönheit ist wieder etwas komplizierter, denn es ist damit nicht vordergründige Schönheit gemeint. Auch Lügen können geschminkt werden. Aber wie sagte schon Kurt Tucholsky: »Man kann einen

Hintern so viel schminken, wie man will, es wird kein schönes Gesicht daraus.« Die Suche nach Schönheit erfordert wache Augen. Sehen wir die Schönheit in einem alten Mann, der am Bahnsteig steht? Wenn sein Gesicht faltig ist, seine Gestalt gedrungen und er in einem schrecklich unmodischen Mantel steckt? Wieso sehen wir die Schönheit nicht, die das kleine Mädchen sieht? Kaum erblickt sie ihn, strahlt sie vor Glück, rennt auf ihn zu öffnet die Arme und ruft: »Opa!«

Was unseren Kontinent betrifft, können wir angesichts der offenen Grenzen, des lange anhaltenden Friedens und der Menschen, die sich daran gewöhnt haben, dass dies ganz selbstverständlich ist, nur in Entzücken ausbrechen und ausrufen: Das ist schön! Es ist wahr, weil es existiert, es ist natürlich gut und so schön. Schönheit muss man immer suchen, so bin ich immer ein klein bisschen gerührt, wenn im Sommer viele Wohnmobile und Wohnwagengespanne auf unseren Autobahnen unterwegs sind, die Jean-Claude Juncker für Militärtransporte ausbauen lassen wollte. Wenn man mal über ihre Unförmigkeit und ihr lausiges Design hinwegsieht, offenbart sich ihre Schönheit in dem Umstand, dass in ihnen Paare und Familien unterwegs sind, um andere Länder zu besuchen, sich dort das Meer und die Berge anzuschauen und sich daran zu erfreuen, wenn sie dort mit Einheimischen ein paar Wörter ihrer Sprache verstehen oder sie selber sprechen können. Was könnte nach all den Schlachten der letzten Jahrhunderte schöner den Frieden zeigen als all die kleinen und großen Wohnwagen auf dem Weg in die Ferien?

Und wenn wir dann wieder alle im Stau stehen und sich unser Blick vom Steuerrad eines Golfs mit dem eines Beifahrers in einem Wohnmobil trifft und wir in einem lichten Moment begreifen, dass wir Menschen unter uns sind auf dieser Welt und niemand über ihr, dann ist das eine große Chance. Wir können Schöpfer sein. Manchmal können wir uns sogar selbst retten, uns neben uns selbst stellen und sagen. »Du bist in Gefahr, bring dich in Sicherheit, geh woanders hin.« Diese großartige Kraft in uns gilt es zu entdecken.

Aber niemand auf dieser Welt kann diese Kraft befreien und für das Richtige nutzen,

außer

du

selbst.

»Geld ist mir nicht wichtig«

Nicolas Berggruen, Milliardär

Sebastian Schnoy

Von Krösus lernen, wie man den Gold- esel melkt

Von der irren Jagd nach dem Geld

Piper Paperback, 304 Seiten
€ 15,00 [D], € 15,50 [A]*
ISBN 978-3-492-06055-4

Wieso denken die Deutschen öfter an Geld als an Liebe? Wieso gehörte immer so wenigen so viel und so vielen so wenig? Und wird sich das jemals ändern? Historiker und Comedian Sebastian Schnoy hat sich in seinem neuen Buch das liebe Geld vorgenommen und seziert die Strategien der Raffkes von 7000 v. Chr. bis heute. Er erklärt dabei lustig und listig, welche Rolle Geld spielen muss, damit es keine Rolle mehr spielt!

PIPER

Leseproben, E-Books und mehr unter www.piper.de

Frei und glücklich auf 25 m²

Nicole Dau

Glück ist in der kleinsten Hütte

Unser Traum vom Tiny House

Piper Paperback, 224 Seiten
€ 15,00 [D], € 15,50 [A]*
ISBN 978-3-492-06159-9

Viele träumen davon: Ein Haus im Grünen besitzen und trotzdem das Stadtleben nicht für immer aufgeben müssen. Finanziell unabhängig sein und dennoch genug Platz zum Leben haben. Nicole und Carsten, beide um die 30, fanden dafür eine verrückte, aber realisierbare Lösung: Sie bauten sich ein Haus auf Rädern! In vielen Stunden Handarbeit verwandelten sie einen alten Bauwagen in ein gemütliches Zuhause vor den Toren Hamburgs und wurden damit zu Vorreitern der Tiny-House-Bewegung.

PIPER